Pose Method of

跑步，該怎麼跑？

RUNNING

認識完美的跑步技術，姿勢跑法的概念、理論與心法

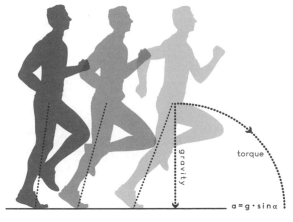

gravity

torque

$a = g \cdot \sin \alpha$

Nicholas Romanov, Ph.D.
尼可拉斯・羅曼諾夫 博士

John Robson
約翰・羅伯遜 ————————————— 著

徐國峰——譯

各界推薦

　　記得第一版《跑步，該怎麼跑？》在臺灣發表時我大學剛要畢業，那時國內沒有一本專門討論「跑步技術」的書籍，問世之後在國內跑界引起不少討論。二〇一二年ironman70.3我在賽場上遇到國峰，我問道：「國峰練習姿勢跑法至今，有什麼心得呢？」他回答我：「非常好！就像練功一樣，不同階段都有不一樣的感受。」這句頗具禪意的話，十年過去我依然印象深刻。

　　個人投入越野跑教學至今恰好十年，在我教學過程中，大量引用書中提及的「關鍵跑姿」與「拉起」的概念。一般跑步的過程中，腳掌落地的位置距離重心太遠，所產生的傷害經常是慢性的，但對於跑在高低落差大、環境崎嶇的越野者而言，像這樣「煞車」的動作會帶來「立即性」的傷害！

　　《跑步，該怎麼跑？》改版彙整了國峰多年來豐富的教學經驗與學習，內容更加地完整與深入，且帶有一些「哲學」。鼓勵大家不要讀得「太快」，反覆咀嚼品味後，相信會像閱讀經典一樣，隨著你的實踐與思考，不同階段會有不同的收穫。

　　——江晏慶，XTERRA越野鐵人三項教練／2022年臺灣站冠軍

　　近年來，運動風氣的興起，跑步運動帶來生活的樂趣，同時也帶來了煩人的運動傷害。擁有一本豐富跑步知識的書將引領你進入新的領域，提升你的生活品質，降低運動傷害，進而提高運動效能與運動

技巧。透過「姿勢跑法」，可以讓你跑得更久、更好，而且更不容易受傷。

我常常自嘲自己的跑姿很難看，腳跟著地加上左搖右晃，很不協調；偶爾在河堤跑步時，常被幾個速度型的高手呼嘯超車而過，其跑姿自然、協調又非常流暢，令人羨慕不已。跑了2~3年後，透過跑友間閒聊得知有一種跑姿叫做「姿勢跑法」，於是找到了這本經典好書。不出十天我就把這本書K完，接著就是跟著自學。可惜，本人柔軟度不佳、四肢協調不足，總是得不到竅門，畢竟從小跑步就是這個跑姿，一時真的很難改變。

即使如此，拜讀本書之後，這個「姿勢跑法」的跑姿就默默地烙印在我的腦中，久而久之，至少讓我漸漸地學會透過重心轉移，讓自己跑得更加省力與流暢，可以跑得更久更遠，進而跨入了超馬領域。讀者或許無法擁有這個優雅的「姿勢跑法」，但透過羅曼諾夫博士的介紹，讓你對於跑姿有更深入地探索與深思，並精進自己的跑步技術，大幅提升跑步效率與馬拉松成績。

——高志明，超馬國手／配速之神

我參加國際賽時常跟跑者開玩笑說：「你瞧！國外跑者的跑步姿

勢都很類似，但是我們臺灣的跑者（當然包括我在內）卻是一個人一種跑步姿勢，而且以『不流暢』為原則！」會造成這種情形的主要原因，是我們人在二十歲左右關諸運動的反射、平衡、律動、敏捷神經即已定型，過了這年紀之後學新的運動動作的能力就減弱了，而臺灣許多人都是中年之後才開始跑步，身體已經失去本能的律動能力，所以跑步姿勢就千奇百怪了。

反觀日本中小學體育課都在跑步，每一個人都會跑步，所以從小就自然而然地養成自然流暢的跑步姿勢。不過因為每一個人身體結構略有不同，其實沒有所謂的「跑步標準姿勢」，只是無論如何要符合力學原則，《跑步，該怎麼跑？》這本書深度地討論跑步姿勢，對於愛跑的有心人是一大福音。我們在詳細閱讀之後，可以據以檢查我們的跑姿，經過一段時間的練習與修正，就能達到輕鬆、自然且流暢的境界。如此能避免運動傷害，也能跑得更快又更遠。

——郭豐州，社團法人中華民國超級馬拉松運動協會理事長

「姿勢跑法」的入門在掌握關鍵跑姿與落下、拉起的動作，但真正困難的是建立對身體與環境的感知，以及打破習慣、刻意練習的過程。剛接觸時以為是對身體與跑步的精進，但愈深入理解、長期操作，卻發現這是一種思維、一套哲學，既是在規律與自由之間的辯證，也是追求力量與彈性之間的平衡。人天生就會跑，卻也跑無

止盡。「姿勢跑法」不僅是調整身體與重塑跑姿，更是鍛鍊心與腦的方式。很榮幸曾經親身經歷羅曼諾夫博士與國峰老師的教學，這套心法也成為我一輩子無論在運動、思考或創業、投資上，舉一反三的模式。對我來說，「姿勢跑法」真正在教的是：掌握關鍵、善用外力、感知自我、鍛鍊核心。

——詹益鑑，Taiwan Global Angels 創辦人／姿勢跑法初階教練

　　我訪問過本書譯者徐國峰教練，他長年鑽研跑步知識，以細膩的心思和文筆，用心詮釋羅曼諾夫博士對於跑步科學的研究，成功轉譯博士的學識給跑友，讓我深深感到做為本書讀者是件很幸福的事。

　　不論你是老馬或才要嘗試的初馬，這一本從跑步技術到思維的全方位解析寶典將是你的武功祕笈；像我這樣中年以後無意闖入跑步世界的跑者，在享受馬拉松之樂、探索自己體能的同時，擁有這本系統性的跑步知識之書令我安心，隨時翻閱便能解惑，更能時時提醒我回到正確跑姿和心態，重點是，吸收這些知識讓人跑步更有效率！強烈推薦每位熱愛長跑的跑者都該擁有一本！

——趙心屏，《肉腳的跑步人蔘》podcast 主持人

　　一九九六年的春天，我在科羅拉多奧運訓練中心認識羅曼諾夫博士，他在工作坊裡分享他對跑步力學的研究成果。當時我就對他那簡

各界推薦

潔又深具邏輯性的概念印象深刻。自從那次之後,我開始跟學員們分享他的教學方法(訓練營中都是優秀的耐力運動員),獲得了極好的成果。我一直以來都非常信任他這套跑步技術,甚至在我最近出版的《鐵人三項訓練聖經》(*Triathlete's Training Bible*)中也特別引用他的方法。他所提出的概念處在生物力學的發展尖端,極有可能改變傳統的跑步教學方式。

—— 喬福瑞(Joe Friel),《鐵人三項訓練聖經》作者、

美國鐵人三項教練委員會前主席

在開始羅曼諾夫博士的訓練課程之前,我原本是個腳跟著地的跑者,被前脛骨症候群與疼痛的腿後肌群所折磨。但羅曼諾夫博士的「姿勢跑法」改變了我,使我改用前足著地。他的「姿勢跑法」是來自於人類和動物跑步生物力學的研究成果,任何人都可以學習這種由動物和菁英跑者所使用的跑步技術。其中還有協調性和力量的練習動作,我從這套技術中獲益良多。現在跑步時不再有任何疼痛的感覺,我學會不再受傷的訓練方式,也不再穿厚重的鞋子了。

現在跑起來有效率多了,就算每公里用五分鐘內的配速跑也覺得很輕鬆,之前每公里的配速大都是在五分五秒到五分二十秒之間。現在,我的比賽速度可以拉到每公里三分四十五秒,在操場的間歇訓練,也可以用較低的心跳率跑出更快的時間。

因為羅曼諾夫博士強調的是用肌肉的彈性來跑步,這減少了肌肉

力量的消耗。對鐵人三項選手來說，從自行車轉換到跑步時的成效特別顯著。在過去，騎完自行車後，肌肉的疲勞感的確大大影響我的跑步成績，但現在我學會用最少的肌群跑步，使我在下腳踏車之後能用較快的配速來跑，而且知道該怎麼維持更長的時間。

——陶德·奈爾斯·肯揚博士（Todd Niles Kenyon, Ph. D.）

在多項運動冠軍學院期間，羅曼諾夫博士很用心地修正我的跑步動作。在課程結束後，我學會把膝蓋再彎一點，這樣似乎會縮短我的步幅，但其實並沒有，而且我的步頻反而更快了，腳掌著地的面積也變得更小。這種新的跑法減少我前大腿和背部的壓力。它真的很有效，因為我以前跑十一英里（約十八公里）從沒跑進一小時零三分，現在我做到了，而且我預估不久後跑到一小時零一分三十秒應該沒問題。這種跑法真的很流暢，感覺自己跑起來好像輕了三十磅。

——約根·查克（Jurgen Zack），五次超級鐵人歐洲冠軍

在我的跑步生涯中，一直都是自我訓練。這段時間裡，訓練一直無法連續，總是被運動傷害打斷，大多是腳掌和下背部的問題。自從我遇見羅曼諾夫博士，在他的指導之下，我變成一位不再受傷的運動員。他獨特的柔軟度、肌力和技術練習動作大大地幫助了我，使我的跑步效率提高了、整體的肌力也增強了；原本我以為年紀愈大會跑得愈慢，但現在因為羅曼諾夫博士的指導，我的比賽成績反而進步很

多，這些全都發生在同一時間。

　　羅曼諾夫博士所開發的一系列柔軟度、協調性和肌力練習動作，可以非常有效地改善人們的跑步技術。對我來說，其中的肌力訓練最有用。它鍛鍊的不只有上半身和腿部的肌群，還著重下背部、臀部和腹部，在我以前上過的跑步訓練課程中，從沒強調訓練這些核心肌群的重要性，但訓練過後的效果卻非常顯著。

　　　　──米米・奧莉薇亞（Mimi Oliveira），前美國航空空服員、
美國田徑一級教練、跑過十三次馬拉松（其中三次是波士頓馬拉松）

　　「姿勢跑法」已經在根本上提升了我的速度。尤其是我的肌肉彈性和跑步效率，因為其中的各項練習動作進步很多。

　　　　──提姆・唐（Tim Don），二〇〇二年世界鐵人二項冠軍、
英國鐵人三項國家代表隊成員

　　我第一次遇見羅曼諾夫博士是在兩年前。當時我身邊許多運動員都提到他的技術訓練課程，他們都曾在甘城接受鐵人三項和跑步訓練，而且每個人運用他的訓練法後，成績都在短時間內大幅提升。我最感到驚訝的是，每週他們都願意開六小時的車去接受羅曼諾夫博士的訓練，所以我決定也要給他一次機會。

　　在接下來的幾個月，我每週都到邁阿密或甘城接受他的訓練課程。我很快就學會這項稱為「姿勢跑法」的跑步技術。它縮短了我一

百公尺將近0.1秒的成績！最棒的是，羅曼諾夫博士的這套課程幫我克服了長年來折磨我的各種運動傷害。

羅曼諾夫博士不同於一般典型的教練，他在體適能教學上有獨特的天分。他真的是這方面的專家，而且教學經驗非常豐富，他對於「正確的技術」所提出的概念不只限於跑步，還有其他你所能想到的運動（包括游泳、滑雪、體操、自行車等）。這就是為什麼他是一個如此成功的教練。

羅曼諾夫博士知道如何安排運動員的訓練課程，他有一套自行設計的公式。此外，他也教人伸展，你會發現他對按摩和物理治療的認識也相當廣博。這使得羅曼諾夫博士成為我們這些選手最寶貴的導師。他將來一定能夠對美國的運動與體適能發展有很大的貢獻。

——基因·席姆斯（Gene Sims），
常春藤體育協會（Ivy League Conference）短距離冠軍跑者

去找羅曼諾夫博士的時候，我是個灰心喪志的鐵人三項選手，因為好幾年來一直受傷讓我非常沮喪。我過去曾經在國家賽事中取得優秀的成績，但不久後就時常出現運動傷害。我向很多專業人士尋求建議，有醫生、物理治療師、田徑教練、按摩師，也閱讀跑步相關書刊，但卻一點幫助也沒有。但羅曼諾夫博士卻完全治好我的運動傷害，而且不只如此，他還教我一套全新的跑步訓練方式，徹底根除了運動傷害發生的可能性，重新鍛鍊我的平衡感，使我的身體發展出從

所未有的肌力、爆發力與速度。

羅曼諾夫博士的個人特質和獨特的理論，使他成為一個非凡的導師，他的訓練法總是成效顯著。很多教練只是丟給選手訓練菜單，讓他們自己照表操課，但羅曼諾夫博士是我遇到唯一一會教人如何做出正確動作的教練。他知道怎麼跑才是正確的，其他很多運動也是。因為他有豐富的生物力學相關知識，他把動作拆解開來，讓人了解其中最關鍵的姿勢是什麼，如何盡可能效率地移動身體。羅曼諾夫博士幫助太多運動員成長與進步，教學方法和個人特質讓他成為如此與眾不同的教練。

──林恩·麥克法登（Lynn McFadden），南佛羅里達州頂尖鐵人選手

在過去好幾年間我因為跑步而受傷。我從沒有連續跑步練習超過兩個月，並不是我懶惰，而是到第三個月我的身體就會有問題。我曾找過專門治「背痛」的醫生和物理治療師，他們教我做一些伸展和拉筋動作，但一點用都沒有。

一位朋友建議我去找羅曼諾夫博士。現在我的背好多了，而且跑步技術也有顯著的改善，我現在不管跑多長多久都不會受傷。他建議的練習動作使我全身的肌群變得很強壯。

在跑步相關的技術、伸展和練習動作方面，他的確有一套獨門的學問。沒有任何醫生、物理治療師或專業書籍比得上他。除了學問之外，羅曼諾夫博士在分析選手面對的問題上也非常有經驗，能很快找

出解決方法。

——羅伊・西格爾（Roy Siegel），電腦系統分析師

二十世紀俄羅斯傑出的思想家尼克萊・伯恩斯坦（Nikolai Bernstein）曾說：「動作是活的，而且會自行演化。」他被稱為「運動生理學之父」，也是神經機械學（Cybernetics）的創立者之一。從伯恩斯坦之後，逐漸揭開各種生物移動原理的祕密。動物移動的原理已經變成世界上許多科學家研究的主題，搞懂移動的機制也成為眾多教練的願望。

但是自然的奧祕可不是那麼容易就可以被解開的。上天必定謹慎挑選能夠破解的人，因為他具有掌握這份知識的特權。擁有這份知識的人也擁有了這個世界，至少比那些提出無用理論的人更能影響這個世界。

被選來解開跑步奧祕的人顯然就是尼可拉斯・羅曼諾夫博士。他大概是第一位看透跑步動作的人，可以在看似簡單的動作裡洞悉當中隱含的技巧。許多試圖建構跑步技術的人，有的經常碰壁，有的提出振振有詞的主張，但根據的卻是立論含糊的運動力學，另外，更有許多知名的教練乾脆說：「像我這樣跑就對了。」

跑步是週期性的運動，所以任何技術上的錯誤都會在跑步中一再重複。就這樣，每跑一步，不良的跑步基礎就會傷害跑者的阿基里斯腱、脛骨、膝關節、脊椎、肌肉和韌帶。結果，跑步非但無法訓練這

各界推薦

些部位使它們更強韌，還會帶來無法彌補的傷害。

羅曼諾夫博士的「姿勢跑法」不但建立在嚴謹的跑步科學知識上，並且融合自然定律和人類運動力學的理論。由於他的方法以運用地心引力為前提，而地心引力本來就是跑步運動力學中的核心元素，因此立論基礎不僅完整，羅曼諾夫博士也對跑者學習新技術的心理歷程有清楚地體會，最重要的是，他建構了一種輕鬆、不勉強而且能有效使用力量的跑步技術訓練法。

這套由羅曼諾夫博士提出的「姿勢跑法」，建構了完整的跑步技術標準與教學方法，不僅容易普及化，不管是要求成績表現的職業運動選手或業餘愛好者，或是追求「為健康而跑」的男女，都可以從這套技術中受益。

「姿勢跑法」對運動員來說唯一的「缺點」，是它與任何增進運動表現的興奮劑或禁藥絕不相容。另外，對於業餘的跑者來說，或許也很難捨棄舊有的觀念，在這之前他們覺得要怎麼跑都可以，即使會因腳跟先著地而加重了心臟、血管與肌肉的負擔。如今，你們即將學到一種非常不同以往的跑法，開始從完全不同的技巧、新的跑感和健康的身體中提升自己的優勢。

即將閱讀本書的讀者，你們將會在研讀的同時感到無比的快樂與滿足，甚至有相見恨晚的感覺。好好享受這段我已經歷過的美妙過程吧！

—— 瓦第．巴爾塞維奇教授（Professor Vadim Balsevich）

跑步技術的標準該如何定義？

如果把跑步的訓練分為「體能」、「力量」、「技術」與「心」，這即是一本專注在「跑步技術」的書。從這本書中，你可以了解到：

什麼是跑步技術？它跟跑姿之間有什麼關係？（What）

為何要練跑步技術？（Why）

如何練？該練哪些動作？（How）

想要提高跑步技術，首先要認識它的標準。如果「沒有標準」我們就無法進行技術的指導和教學。「技術」是指做某件事、執行某個動作或從事某項運動的技巧，若教學者的心中沒有一把「標準化的尺」，教學工作將無法進行。所以當有些教練和跑者認為沒有所謂標準的跑步技術時，很自然會認為跑步技術無法教學，也不應教學，每個人都該去尋找自己獨一無二的技術。

另有一群跑者和教練認為跑步技術就像游泳、跳水、投籃一樣有標準存在，所以應該進行指導和教學。但這群人又分成兩類，一類是認為每個人的跑姿都不同，所以那把尺的標準也應該不一樣，不用把同一套標準套在每個人身上；另一類則是認為世上存在統一的標準技術。

現在的你，是屬於哪一類呢？

為了回答「是否有所謂的統一的標準跑步技術」這個問題，我們要先思考何謂「標準」？

人定的標準 vs. 自然的標準

標準分為兩類：一類是人定出來的標準，另一類是自然設定的標準。前者好比人類定出來的各種標準作業流程，像是蘋果公司想把原本在美國製造 iPhone 的工廠搬到印度時，就要把製造一支 iPhone 的所有「技術」標準化，這樣印度的工程師和技術人員才有辦法生產出跟美國工廠一樣高品質的手機。這也讓我們了解，有標準化的技術，教學活動才能進行。

如果我們要使跑步技術教導與學習活動順利進行，也需要先知道「技術的標準為何」以及「技術訓練的目標在哪」。

當我們要製造一支手機、一台電視、一架飛機時，製作一份標準並確實遵循與持續優化是我們人類科技進步的重要工作。手機、電視與飛機都是人造物，標準也需要靠人去設計；但面對運動技術的標準化工作，不能用人造的標準，而是要去尋找自然的標準，因為我們的身體與所處的環境皆是自然的一部分，所以人要做的是「發現」自然設定的標準，不能以「發明」的心態去自創一套標準出來。這也是我們在面對各種跑法技術書籍時的判準，這些作者所提出的理論和方法是建立在人的標準上，還是自然的標準上？

所謂自然的標準，通常是指技術的本質，它藏在五花八門的現象裡。因此我們看每個人的動作、跑法都不一樣，因為外在的現象本來就是變化萬千，但在這些各式各樣的跑步動作中，是否存在著相同的元素，而每個人都一樣嗎？如果有，那是什麼？自然定義的技術標準

何在？

　　這就是《跑步，該怎麼跑？》作者羅曼諾夫博士要告訴大家的。

　　羅曼諾夫博士是在八〇年代開始研究這些問題，他的研究路徑之一是透過短、中、長距離菁英跑者的跑步影片。這在當時是很難的一項研究，因為影像是用膠卷的方式保存，高品質且達到研究等級的影像是很寶貴的資料，菁英跑者的影片更是難以取得。

　　仔細研究不同菁英跑者的跑步影像後，羅曼諾夫博士獲得一個重要的啟發：**動作是由姿勢構成的。**

　　當時的膠卷影片，每一秒是由24張照片構成（24幀影片），跑者的每一步（從左腳落地到右腳落地）大約需要花費0.214～0.375秒（短跑到長跑的區間），意指跑者的每一步在八〇年代可以從5～9張照片進行比對分析。博士曾親口告訴我：「在研究了數以百計的菁英跑者和數千張照片之後，我發現不論是一百公尺的衝刺型選手，還是全程馬拉松長距離跑者，都會出現相同的跑姿。」這個跑姿，就是出現在書中「85頁圖11.2」、「302頁圖38.27」、「308頁圖39.1」、「322頁圖42.2」、「332頁圖44.1」的姿勢──「關鍵跑姿」，它是每一位跑者都會通過的姿勢，不論性別、不論路況、不論速度都會通過這個姿勢。這是羅曼諾夫博士的重要發現。

姿勢和技術息息相關

　　從慢跑到衝刺，通過這個姿勢的瞬間全身姿勢是一樣的，微小的

導讀
跑步技術的標準該如何定義？

差異只發生在腳掌離地的高度。五分速（時速12公里）腳掌只拉到腳踝、四分速（時速15公里）腳掌離地高度到小腿、三分速（時速20公里）會超過膝蓋，到了三分速以內腳掌會很接近臀部。

這個姿勢是跑者最能有效運用重力並把體重向前轉移的姿勢，每個人只要跑步都一定會在某段時間進入這個姿勢，然而很多跑者都是太慢進入、太早離開，也就是他們的「關鍵跑姿」維持不住。相對而言，技術愈優秀的跑者愈能在落地後及時回到「關鍵跑姿」，並在整個加速階段維持住，這不只更節省能量，也愈不容易受傷。這在書中的第 11 章與第 22 章有詳細的解說。

「跑姿」之所以被我們拿來當做「跑步技術」的代名詞，正是因為姿勢和技術息息相關。它們兩者所代表的意義不同，但關係卻十分密切。

關於跑步技術的概念非常多，像是最為人所熟知的步頻與步幅，跟數據相關的還有觸地時間、觸地平衡、垂直振幅與跑步經濟性，其中有很多數據可以研究，但這些概念的本質與數值的變化，都跟跑姿有關。第 42 章的目的就是希望讀者能更加深入認識「關鍵跑姿」的本質、意義與價值，以及它跟重力和技術之間的關係。

理論與訓練法

幾乎每位健康的人都會的「跑步」，需要特別針對「技術」來學習和訓練嗎？如果你對這個問題仍有疑慮，可以先讀第一、二部（第

1~8 章），但如果你已經認清跑步有標準技術存在，而且需要特別學習，你可以直接從第三部開始學習「姿勢跑法」的關鍵概念與理論（第 9~18 章），讓你初步認識跑步技術與重力之間的關係。這十章讀完之後，若想更深入了解跑步動作三元素──「關鍵跑姿」（pose）、「落下」（fall）與「拉起」（pull）的本質、意義與價值，可以直接跳到第七部（第 41~46 章）。最後六章有更多和運動力學相關的知識，有助你深入認識簡單背後的複雜性。

本書第四部（第 19~25 章）進行了一個轉化的工作，裡頭有一些練習動作，能使你用身體去認識姿勢跑法的概念與理論如何轉化為實際的跑步動作。

第五部開始進入實務訓練的環節，深入討論跑者該進行哪些訓練才能優化跑步技術。前五章（第 26~30 章）先談「專項力量訓練」。在 KFCS 所歸納出來的訓練框架「心→體能→力量→技術→運動表現」之中，力量位於核心，它連結了體能和技術，如同自行車的鏈條般，雖然毫不起眼，卻扮演了傳輸力量的關鍵角色。沒了它，體能與技術再好，運動表現也出不來。所以想要有優質的技術動作，必須先有力量，博士也深知此理。姿勢跑法所需的力量先有了，技術才練得出來。

第 30 章〈把力量訓練加進你的課表中〉，最後一段點出了力量訓練對跑者的重要性：「如果你真的想要進步，就必須認真把鍛鍊力量當成訓練的一部分，不要認為它只是『額外』的訓練，也不要認為

自己沒有太多時間做這樣的訓練。力量的發展是整體跑步訓練中的一部分，它的必要性就跟你在道路上累積里程數一樣重要。」

本書中文版已問世十餘年，我和博士經常就「姿勢跑法」進行討論，授課過程中也收到許多跑者的提問，於是我整理出以下十二個常見且有助於理解姿勢跑法的問題請教博士，詳細內容蒐錄在書末的附錄，你可以從中理解技術偏差動作和運動傷害之間的對應關係，找出跑姿需要改進之處。

1. 您認為目前跑者普遍存在怎樣的問題？

2.「姿勢跑法」的獨特之處在哪裡？

3. 為什麼「姿勢跑法」不談摩擦力？摩擦力在「姿勢跑法」理論底下的功用為何？

4. 過去您在教大眾跑者學習「姿勢跑法」時，碰到最大的問題是什麼？跑者在學習過程中有什麼需要特別注意的嗎？如何提高學習的效益？

5. 很多跑者認為「姿勢跑法」強調前腳掌先著地，但跑者在練習過後反而造成小腿疼痛的問題，請問小腿疼痛是練習「姿勢跑法」的必經過程嗎？如何避免小腿和阿基里斯腱的疼痛？

6. 哪一種鞋子最適合跑步？

7. 如果把「姿勢跑法」用在訓練上，具體該關注哪些數據指標？這些數據對跑者有何意義？

8. 請問如何減少跑步時上下振盪的垂直振幅？

9. 我的腳步聲很大，該如何改善？

10. 拉起要多快或多用力才對？因為專注在拉起之後步頻變快了，感覺呼吸變得更喘了，該怎麼辦？

11. 為何您只談論跑步技術的訓練，而沒有談到長跑者最重要的體能訓練？您認為體能訓練在突破個人最佳成績（破PB）上的角色為何？

12. 可以把「姿勢跑法」的概念用在其他運動項目嗎？

「完美」與「標準」的關係

前面提過每個人只要跑步，就會通過「關鍵跑姿」。既然每個人都能做到這個姿勢，那在姿勢跑法的眼中，所謂的「完美跑步技術」是什麼？

簡單來說是：**「沒有多餘動作的跑步動作！」**

每個人只要跑步都會通過「關鍵跑姿」，這是跑步技術的標準姿勢，只要能在一落地時就進入「關鍵跑姿」，直到離地才離開，並在這段時間維持好跑姿，完全沒有任何多餘的動作，這位跑者的技術便堪稱達到完美境界了。然而，沒有人可以做到完美，我們只能接近完美，也就是盡量減少多餘動作。本書第六部就是針對各種多餘動作進行說明，並提出有效的矯正訓練方式。

最自然的動作＝完美的動作，也就是：沒有多餘動作的動作。

《道德經》第四十八章：「損之又損，以至於無為。」

如果你是跑步教練，你的任務就是透過訓練，刪除學員跑步動作中多餘的姿勢，盡量只留下這個最純粹的元素 ——「關鍵跑姿」。

最後，我想引用羅曼諾夫博士在第 21 章的幾句話，幫助讀者了解技術訓練的目標，不只是為了避免受傷與提升跑步經濟性：

「發展跑步的精微敏銳度，你將領會到跑步這個概念是如何從身體的動作跨越到精神層面的交流。一位優秀鋼琴家的手（甚至是鋼琴家本身也一樣）可以像擁有自主生命般在琴鍵上流暢地滑過，你也會像這樣，在最後發現自己跑起來像是在路面上流動，此時你已經把所有細微的感受全都融合在一起了，精神也處在極度專注的狀態。到達這種無雜質且純粹的境界時，你才算成為一位真正的跑者。」

要達到博士所描述的這動狀態，最重要的是把跑步當做一項技術來磨練，把跑動中的身體當做一個藝術品來雕琢。讀完這本書之後，你就可以了解：跑步，不只是一項體能活動、不只是一種提高心肺能力的有氧訓練。**跑步，是一項技藝。**它不只有助於身體健康，也有助你更認識自己，並體驗到一種無雜質且純粹的境界。

增訂版序

　　我從學生時代開始就對哲學深感興趣，雖透過閱讀認識不少中華文化所孕育的思想家，卻從沒想過能有機會跟當代的華人能有如此密切的接觸。也在多次接觸後才了解到，為何華人在各種產業的發展都如此迅速，包括運動和健身產業。

　　全世界都知道，運動產業的發展大都不是從菁英運動員的領域開始，而是來自一般民眾流行的運動，特別是跑步。早些年來臺灣時，我發現街頭與運動場上的跑者不少，每次看到這些跑者我就很想幫助他們，學習正確的技術與避免受傷的技巧。

　　也許我的願望被臉譜出版社聽到，把我的書和「姿勢跑法」帶到臺灣來，讓我能有機會把四十多年來的研究，帶進對跑步知識如此「飢渴」的臺灣跑圈裡，那種快樂真是無以言喻。在這本書出版之後，我跟我的兒子瑟弗林多次來到臺灣教課，我們曾在大學、企業、跑團或圖書館裡演講，也在運動場上進行動作教學與演練，遇見過無數對跑步知識充滿興趣的跑者。我看得出來，臺灣的跑者不僅尊敬我們，也很尊敬這項運動，因為他們願意虛心學習。

　　這幾年在臺灣教課時遇見的跑者，都為我帶來極大的樂趣與滿足感，我希望將來在臺灣見到的跑者都是快樂且健康的，這也是我傳授「姿勢跑法」的旅程中最樂於見到的事。

——尼可拉斯・羅曼諾夫博士

原版序

　　雖然已經有許多討論跑步技術的學術性文章與書籍，但關於「如何跑步」與「如何教跑步」的問題至今仍然沒有圓滿的答覆。許多資訊和意見只是不同說法與個人經驗的混雜，缺乏系統，也沒有一致的完整概念。

　　由於沒有穩定發展且被公認的學派來建構正確的跑步技術，導致跑步教學的過程像是教育小孩一樣，完全根據教練個人的直覺、偏好與能力。

　　這本書正是為了填補這個缺口，因此提出一套完整且統一的跑步技術，讓全世界的指導員和教練能以系統化的方式教導跑步。本書中所提及的概念不只源自科學理論，也來自我個人這四十多年來的觀察與教學經驗。

　　我的技術先從一個簡單的假設出發：跑步像人類其他的運動項目一樣，必然存在一種「最佳方式」。為了找到它，我觀察人類和動物的各種跑步動作，試著發現與前進動力相關的科學原則。

　　接著，我試圖開發一套人類動作系統，其中的動作技術都是源自於既有的自然力量，讓這些力量發揮至極致。我相信當跑者的動作完全符合自然的力學結構後，它的美感和精準度，一定能和溜冰、芭蕾或體操的動作一樣。

　　在我的心底，尋找跑步的「最佳方式」像是一種迫切的召喚。只要能設計出這樣一套技術出來，將造福無數的運動員免於受傷而且跑得更好，最重要的是使他們在跑步的過程中獲得更多的樂趣。

所以，我出版這本書，內容以有系統的方式呈現，對跑者或教練會大有幫助。它結合了科學理論和基本常識，但支持這套技術理論的，並不只是嚴謹的科學資料而已，還有許多跑者反覆操作後的成功範例。

　　如果你想成功學會「姿勢跑法」，你不只要了解書中提到的重要概念、完全相信且投入其中，還需要外在的協助。雖然靠自己的力量研究這本書能學會「姿勢跑法」，但最好是尋找另一位訓練夥伴或適當的教練來幫助你，讓他們做為你的第二雙眼睛，仔細觀察你的動作，有助你縮短摸索的時間，使你更快掌握到新的技巧。

　　「姿勢跑法」一定還有許多進步的空間。身為一位科學家、教練與作者，我非常渴望聽到每一位學習者的心得。

　　藉由技術的分享與修正，我相信可以在世界各地建立起一個愈來愈大的跑步社群，成員全是愉快健康且不再受傷的跑者。如果你有任何意見，歡迎與我們聯絡，你的想法和意見將可能成為本書下一版中的一部分，同時，你的分享也許會造福世界各國不同年齡的跑者。

──尼可拉斯・羅曼諾夫博士

目錄

4　把概念化為行動

5 重新打造屬於跑者的身體和思維

6 對你的跑步技術進行細部微調

7 重新省思跑步技術的主要元素

前言

　　這本書絕對和你之前讀過任何有關跑步的書籍完全不同。為什麼呢？在開始回答這個問題之前，我先假設你之所以會挑選一本有關跑步書籍的四種理由：

　　1. 你想要跑得更快。
　　2. 你想要避免受傷。
　　3. 你想要減肥。
　　4. 你想要有人可以告訴你身為一位跑者該注意什麼事。

　　這就是為什麼這本書和其他跑步書籍不同。因為這本書預設的前提是：「你不懂跑步！」實際上，也真的很少有跑者知道如何跑步。

　　大部分的跑步書籍在開頭就先預設跑步是無須特別學習的技巧，只需要不斷操練的運動。這些書籍著重在體能訓練的知識──要跑多少、強度該多高、如何交叉訓練，或是該吃什麼等等。這些當然都是很重要的知識，但卻沒有人討論「如何跑步？」這個最核心的議題。

　　就像初學滑雪、網球、高爾夫球、芭蕾或武術。在還沒進入訓練之前，你一定會先被要求學習技巧。一般最普遍的入門做法就是買書自學，或是報名課程跟教練學習。

　　相照之下，對於一個想開始跑步的人，最多只能得到以下兩個粗略的建議：買一雙好鞋子、一開始不要跑太用力。而且，就算入門跑者真的想要找一個專業教練指導跑步的正確方法，而不是只給訓練方

向的建議，該去哪裡找呢？當地的跑步社團？個人健身教練？或是高中、大學裡的田徑教練？在缺乏公認的跑步技術理論之下，找到有經驗又可信賴的專業教練的機會其實並不高。

這就是為什麼我要建構「姿勢跑法」（Pose Method of Running），它是我個人四十年來研究人類動作與開發跑步技術的成果。在我之前，從沒有一本跑步書是要你在練跑之前先學習「如何跑步」。

這本書沒有解讀心跳表的資訊，也不會教你配速、比賽策略、休息與營養，雖然這些都是跑步訓練中非常重要的元素，但本書的目的在於：使你變成一位有效率的跑者。

試想一下，如果你還無法把網球打過網，要求你上場對打不是沒道理嗎？或者，如果你無法把高爾夫球從球座上打出去，怎麼可能要求你打完十八洞呢？同理，如果你不知道怎麼用放鬆、有效率且不會受傷的方法跑步，為什麼你該站在十公里馬拉松或鐵人三項的起跑線前呢？

本書對於剛開始跑步的人來說最容易上手，因為他們對跑步還沒有成見，動作也還沒定型。不過，對那些已經長期飽受運動傷害之苦或是成績停滯不前的跑者來說，本書的「姿勢跑法」會帶來更多長期性的好處。

對入門跑者來說，學「姿勢跑法」需要的步驟很簡單，還會在跑步這項運動上邁出正確的一步。

相對來說，有經驗的跑者對這項運動背負了太多包袱與期

望，有些人每週甚至跑六十、七十或八十公里，而且對自己的PRs（personal records，個人最佳紀錄）瞭若指掌。如果要求這些跑者必須先把里程數和多年來的經驗擺在一旁，花時間學習新的跑步技術，也許會打退堂鼓，因為他們害怕跑太少成績會退步很多。如果你是屬於這一類的跑者，試著放開你的胸懷，探索自己新的可能性。一旦你真的知道該如何跑步，你就會變成更厲害的跑者。

事實上，我相信實際去體會正確的跑步法將會大幅影響你的跑步表現，它的作用比起其他任何因素來得大，包括服用禁藥。然而這個時代有個很可悲的事實就是：非法藥物的使用變得太泛濫，導致跑步、自行車、游泳與其他耐力運動等體育賽事，在選手獲勝後還必須被放到疑似服用禁藥的顯微鏡下檢視。更糟的是，這種「非法的興奮劑」不但無法在菁英運動員中遏止，甚至還滲透到高中、國中校園裡，很多運動健將對它並不陌生。

服用禁藥不但會影響你長期的健康，而且還會助長過度訓練的發生，更容易在短時間內造成運動傷害。而我堅信只要你能避免禁藥的誘惑，把注意力集中在更自然的方法上，也就是學習正確的跑步技術。不管就短期或長期來看，你都會獲得更好的成績，你的健康也不用承擔可怕的風險，而且你的進步百分之百都是你自己努力的成果，而不是來自藥丸或針筒。

本書真的能使你跑得更快，同時又能避免受傷嗎？你一旦掌握箇中技巧，並在生活中規畫合理的訓練菜單，答案絕對是肯定的。

那它能幫助你減肥嗎？坦白說，本書不是教你維持身材的書，所以內容不會提供相關的建議。但是，如果你有良好的訓練菜單，搭配均衡的飲食、適度的睡眠，少碰酒精與甜食，你甚至不用特別留意，自然就會維持健康的體重。

　　你知道嗎？也許你會感謝最初給你這本書的人，尤其是你如果和我一樣熱愛跑步的話。

1

開始

第1章
追求完美的跑步技術

需求為發明之母。

──《格列佛遊記》作者強納森·斯威夫特（Jonathan Swift）

一九七七年十月，某個濕冷的早晨，我與師範大學體育學院的學生完成當天的田徑訓練課程，準備從師範大學的運動場回家。這所距離莫斯科六百英里（約九百六十六公里）遠，位於切博克薩雷市（Cheboksary）的師範大學，是當時蘇聯運動王朝的重鎮。很多即將獲得奧運獎牌與創造世界紀錄的運動員，都被網羅進這所大學，他們會在學校的操場與重訓室中進行每天的訓練課程。

我自己也是這所大學的畢業校友。現在，我是一個老師，也是一位田徑教練。然而，儘管校內的運動員贏了許多比賽，讓學校擁有聲望地位，但我的心情跟當天陰暗的天氣一樣，既沮喪又沉悶。

讀研究所時，我也一邊與我的學生一起練習，但當研究所讀完之後，我發現我卡在一個矛盾中。我從競技型的運動員轉變成教練和科學家，的確比過去擁有更多的知識與實證；但是在這同時，我也發現大學裡所學的知識並沒有讓我因此知道怎麼教學生，就連跑步這樣看起來很簡單的運動，我也不知從何教起。原因不是出在我不夠用功，或是我的學習方法不得要領，相反的，我以第一名的成績從碩士班畢業，而且正準備撰寫運動科學相關領域的博士論文。

1

　　這個難題令我很想探究。那段時間，從一流的教授到最棒的教科書，我已經從科學和教學實務領域現有的資料堆中，挖掘出跑步的許多面向，但我還是找不到其中讓我最好奇的部分——教導跑步技術的方法。它似乎不存在於當時的理論和實務之中。

　　對於跑步技術的重要性與教學方法，當時的教學體系存在許多差異，甚至全然對立的觀點。其中一派的理論占了上風，他們提出跑步是人類的第二天性，所以它不應該被教，也無法被教。因為每一個人的跑步型態在出生時隨著不同的身材就已經被決定好了；另一種更受歡迎的看法認為，跑步技術應隨著馬拉松距離、中長距離與短距離衝刺跑而有所不同，因此在不同的競賽距離中需要不同的教法。

　　不管他們是站在哪一種說法上，最有資格談論跑步的教練和老師似乎都具有某些根深柢固的想法。而且他們大多認定跑步是一種簡單的運動，而最厲害的跑者是那些天生就具有優秀的跑步基因同時又能承受最艱苦訓練的人。基於這樣的理論，他們覺得沒必要把太多的注意力放在特定的跑步技術訓練上。他們認為跑步並不像跳遠、跨欄或投擲等田徑運動，或是像芭蕾舞、武術和跳舞一樣，需要把技術視為首要的訓練項目。

　　大家都認同，精通上述的任何一項運動都需要做大量的訓練，努力建構基本的動作模式、建立心理意象，然後精熟每個反覆動作。但是，跑步由於被視為是人類所有運動的根本動作，反而被直觀地認為它不需要任何技術訓練。

第 1 章
追求完美的跑步技術

　　從生物力學和心理學的觀點，我發覺自己根本不懂什麼是跑步，因此讓我覺得很困惑。結果，我既不知道該教什麼，也不知道該如何指導學生。我同時感到無力與備受挑戰。在沒有人可以告訴我答案的情況下，我知道必須靠自己。這個問題已經纏繞在我心頭好長一段時間，但在那個灰暗陰沉的早晨，我是如此急迫地想趕快找到答案。

　　對於教學內容和方法的難題，我已經試著解決好一陣子了！在尋找答案的過程中，我研究武術、舞蹈和芭蕾。其中，芭蕾的研究特別順利，因為當時我住的俄羅斯，芭蕾舞的傳統與藝術性已接近完美的境界。我有幾位很熟的朋友也是芭蕾舞者，因此我經常是在研究兼娛樂欣賞中，觀看他們的練習過程與現場表演。

「姿勢跑法」的源頭

【圖1.1】從姿勢切入技巧教學。

1

在觀察這些世界頂尖舞者的過程中，我發現一個急待解決的問題：為什麼芭蕾、武術和舞蹈中的動作能達到如此完美的境地（見【圖1.1】）？有沒有可能將這麼多的動作減化到只有幾個簡單的重複動作？在那個幽暗的秋天早晨，答案就這麼突然從我眼前閃過……一切就由這個簡單的想法開始了！

「簡單」就是關鍵。芭蕾、舞蹈或武術等等訓練，都必須先學姿勢，或更精確地說，是學習無數的連續姿勢。當姿勢熟練連貫了，動作才會達到完美。一切就像拼圖各歸其所，我想要的解答瞬間浮現了。若想容易地養成神經運動模式，並深烙在身體中，必須藉由身體動作在時間點與空間點上的定型，其實就是從「姿勢」切入。

這下我又面臨另一個問題：跑步的姿勢是什麼？身體在每個時間點與空間點移動之間，我又該如何在無數的跑步姿勢中釐出最關鍵的姿勢呢？選擇它們的標準又是什麼？後來，我決定將姿勢強調的重點放在平衡、肌肉適能和身體各部位連結的緊密度上，這些都是變換每種姿勢時必須要求的。

歷經多年的研究與觀察，我終於覺得自己已經準備好展開一生的志業，把跑步動作拆解成組合姿勢，並開發一套教學系統。

從那個陰沉的十月早晨開始到現在，自己在這條研究跑步的路上已經「跑」了四十年。我下定決心，要把自己的一生完全獻給這項人類最基本的運動，而且立志要發展出一種可以讓人跑得更遠、更快，而且對身體負荷較小的跑步技術。

第 1 章
追求完美的跑步技術

在這四十年間我結婚生子，而且從俄羅斯搬到美國佛羅里達州的邁阿密，當起職業跑步教練，訓練個人和團隊，在實務的教學過程中讓這套跑步技術理論更臻完備。

這段期間，我也開始與各個國家隊與跑步團體建立關係，包括美國鐵人三項國家教練委員會、美國頂尖的鐵人選手與教練。因應世界各國跑者和教練們的需求，我終於在一九九七年完成第一部跑步教學影片。到了二〇〇〇年，於雪梨奧運期間擔任英國鐵人三項代表隊的顧問與教練。

我已經教過各種程度的跑者，包括奧運選手和八十多歲的跑步愛好者。如果世上真有單一標準的跑步技術，我認為，它不只適用於世界頂尖的一流跑者，也應該適用於每一個人才對。事實上，當自己訓練的鐵人三項選手在跑步分段獲得優異成績時，總是令人自豪，但讓我獲得更大的滿足在於：一些因習慣性傷害而準備放棄跑步這項運動的中年跑者，在學到我所開發的跑步技術後，現在跑步都不再感到疼痛了，而且跑得比二十年前更快、更不費力。

就在我更了解跑步時，一九七七年的挫折轉到另一個面向了。以前的我，挫折來自於我無法掌握隱藏在跑步背後的本質；現在的我，雖然已經發現跑步技術的基本元素，但挫折變成：我已經知道標準的跑步技巧，但身邊卻有那麼多人因為缺乏正確的知識而受傷。

這本書就是為了那些人而寫的。它包含了我四十多年來的思考、研究和實際教學經驗。我最大的希望是這本書能幫助熱愛跑步的人，

1

使他們在擁抱這項人類最基本的運動時,能跑得更健康,進而擁有更豐厚的人生。

第2章
我的跑步哲學

如果你想要健康——跑吧！
如果你想要俊美——跑吧！
如果你想要聰慧——跑吧！
——古希臘格言

　　如果你認為人對於健康、美麗與整體健全的希望，是九〇年代大眾媒體渲染的產物，那本章所引用的古希臘格言應該會消除你這樣的想法。人們總是在尋求「神奇的藥丸」讓自己活得更好，古希臘人也不例外。一直到現在，他們的見解在本質上仍是對的：沒有其他肢體活動像跑步那樣如此簡單、容易理解，而且對人類來說如此有幫助。跑步對你絕對有好處，而且當它融入你的生活模式中，的確能夠幫助你維持長久的健康、美麗與創造力。

　　古希臘是第一個體認到跑步重要性的古代文明，他們把它反應在對運動的熱愛和藝術文化中。從希臘古陶上的跑者繪圖，可以看出跑步深植在他們內心裡的情感與美學價值。這些精美陶器上的藝術作品，也許要表達的正是運動員為奧運會準備的特定技巧，也可能只是向比賽中偉大的英雄表達崇高敬意（見【圖2.1】）。

【圖2.1】古希臘的跑步藝術畫作。

1

　　先不論他們的目的，但可以確定的是，這些畫像並非藝術家憑空想像而來，畫作中相當仔細地描繪出跑步技術的細節，也清楚呈現出各類型的運動員在不同的距離與速度上的差異。有趣的是，他們刻畫的跑者在跑法上整體來說很相似，不管是短跑或是長跑選手，跑步的技術其實如出一轍。

　　我想這些相似點並非只是古希臘藝術家在情感或藝術上的想像。這些陶器上的跑步姿勢，使我深信距今好幾百年前的古希臘人，已經從直覺的觀察中發現使跑步有效率的關鍵技術了。

　　仔細看這些圖，你會清楚發現，所有的跑者都以腳掌前緣著地，而非腳跟。赤腳跑者明顯會以這樣的技巧來節省體能與避免受傷。在我看來，赤腳跑步時，前足著地是正確跑步的最佳示範，而希臘人早在好幾世紀前就知道這件事了。

　　我不認為希臘人缺乏理解跑步本質的知識。他們或許缺乏科學的背景，但透過他們對現實世界的認識、敏銳的思考與不平凡的美德與學識，展現出他們洞察自然的觀察力，並且能認清人類與自然的和諧互動關係。站在整體分析的立場，他們重視人類在整個世界中所扮演的角色。那是個「行動與思想的純粹性」受到極度尊重的時代。

　　當希臘的黃金時代過去，人類似乎將這些價值拋諸腦後，單純為了跑步而跑步的價值彷彿消失了！只有在奧運復興後，我們才回頭重新了解這個人類與生俱來的運動價值。

　　奧運會和波士頓馬拉松在十九世紀末期興起，但跑步的熱潮一直

到一九六〇年代左右，才由澳洲和紐西蘭跑者成功帶起，在紐西蘭的名教練亞瑟‧利迪亞德（Arthur Lydiard）出版了《奔向巔峰》（*Run to Top*）之後，這股熱潮尤其更甚。而美國則是到一九七二年，法蘭克‧肖特（Frank Shorter）贏得當年的奧運金牌後才引爆。

跑步不再被認為是一種被成年人忽視的學生嗜好，反而是保持圓滿人生的重要關鍵。在某些地區，跑步甚至被視為萬靈丹，可以治癒所有的現代文明病。就像初戀一樣，跑步在當時人的眼中，是完美無缺的。

當跑步成為大眾普遍參與的運動時，它滲透到社會的各個角落。以前只有少數的前衛分子從事跑步，當時他們穿著短褲和步鞋的模樣還會讓人覺得不好意思，但如今，跑步鞋突然成了日常生活中的正式鞋，跑鞋公司一夕之間成為市場巨人。五公里、十公里和馬拉松的賽道開始進駐到主要城市的街道中。跑步，似乎快要變成一種信仰。

但第一波熱愛跑步的風潮會開始消退，當中必然存在一些問題。有人會問如果跑步真的對人有幫助，為何那麼多跑者老是因為腳受傷而不良於行？還有，如果一星期跑三十英里（約五十公里）是好的，那為何一星期跑六十英里（約一百公里）無法使我跑得更快呢？反對意見無可避免地出現了！對老是坐著不活動的人來說，某個跑者蹣跚、憔悴、筋疲力盡的虛弱模樣，成了他們經常拿來繼續當馬鈴薯族的實證。馬鈴薯族會沾沾自喜地說：「還好我沒開始跑步！看看跑步讓你變成什麼樣！」

1

　　與其說這種新見解抹煞了跑步這項運動，倒不如說它平衡了當時跑步的研究面向，讓研究不會一面倒向正面或負面的看法。剛接觸跑步時，對跑步的熱愛不太會消逝，反而像偉大的愛情故事一樣，那股熱情會醞釀到它變為你終其一生的伴侶。

　　等到你和跑步的關係過了柏拉圖式的戀愛階段後，你會對跑步有一股新的期望，在科學研究與商業利益的交互作用下，你會強烈希望它能為你帶來健康；但另一方面，有個相反的觀點要你去檢視跑步在圓滿人生中所扮演的角色。跑步的問題一直是存在的，而且有些已經變得很迫切。

　　舉世最大的挑戰之一就是：什麼樣的跑步方式才能真正有效地達到健康，並讓身體維持在良好狀態，隨時都可以上路。這正是所有的教練、科學家、醫師和跑步愛好者所面臨的問題。事實上，隨著跑步人口的大眾化，因跑步所造成的運動傷害也逐年上升。

　　找出受傷的原因與避免受傷發生成為許多研究的主題，而那也是接下來幾章要討論的重點。當大家把焦點放在研發更好的鞋子與設計更科學化的訓練課程時，也許討論另一個更核心問題的時機已經成熟，那就是：是否有一種全人類通用的跑步技術呢？

　　局外人來看，這個問題似乎非常合理與明白，但是跑步圈內的人已經將這個問題視為燙手山芋。這個問題的確大幅被探討與研究，包括從常識的觀點、教練的經驗，以及書籍、文章與論文累積的科學研究等等角度。然而，就算有報告紀錄，眾科學家與實戰教練對於跑步

的通用技術，仍然沒有一個共識，更別說如何教跑步這件事了。

　　有一派人相信跑步是人類的第二天性，而且本能上每個人都能跑。他們抱持的基本態度是：「只要你能用雙腳扎實累積里程數，你就能成為卓越的跑者。」換句話說，他們認為「技術藏在里程數之中」，或許你可以叫這個派別是「說變就變派」。只要跑得夠多，然後「變！」（presto！）你就可以跑得很正確。有這麼美的事嗎？

　　另外有一派人，他們雖然承認完美的跑步技術的確存在，但同時也提出反面的論調：「並沒有一種合乎科學理論的完美跑步技術適合每一個人……就像你不可能在特定情況下就能評斷某人的性情與愛好一樣。如果有一個教練說你的跑法『絕對是錯誤的』或『絕對是正確的』，那正好可以看出那位教練對於人體運動學（kinesiology）的理論缺乏深刻的理解……好的教練應該能藉由觀察與分析來為每位跑者設計出適合個人風格的跑步技術。」亞諾・乃特（Arno Nytro）說。換句話說，教練必須要能為不同的跑者調配出獨特的完美跑法。

　　如果我同意上述種種觀點，就必須承認大自然在演化的過程中，並不會去管跑步的動作是如何在重力和人體力學之間運作。但我無法同意，因為我認為從自然中就可以找到方針與原則，指引我們以正確的方式使用所有的自然動力。我相信「天人合一」的哲學觀，身為自然界的重要分子，我們的生理與生物力學機能在自然中必定會受限。

　　與其接受「世上沒有一種人類通用的跑步技術」，或者「每一個人的跑法都該是獨一無二的」，我寧願去研究人類既存的自然力量，

1

找到當中的原理，引領我發掘理想的跑步技術。這種技術會適合世上所有人，不管你的體型、身材、年紀或性別。

我從以下的概念出發：人類的出生、存活與成長全在地球的重力場下，所有肢體活動也在特定的力學框架下，受制於重力。我們任何的動作應該也屬於環境的一部分，而且人與自然是一個有機的整體，我們要將重力當成力量來源，少去抵抗這股力量。有人運動之所以會白費力氣與受傷，就是因為破壞了這個有機的互動框架而去對抗重力的力量，而不是順應這股力量。

重力的強大力量在各種自然現象中顯而易見，而人類也耗費許多苦心在對抗它。在自然界，稍微踏錯一步就會引發雪崩，使大量的積雪以時速八十英里（約一百三十公里）奔滑下山。在發射台上，我們也曾目睹火箭要脫離地心引力的拉力，飛向天際時需要動用多大的力量。你想想，如果能把重力那股龐大的能量轉化成個人的動力，我們跑起來會是怎樣？

練就完美跑步技術的關鍵在於：盡可能利用重力。一位技巧純熟且有頭腦的跑者，應該能夠把重力轉化成向前跑的動力，就像帆船手利用風力一樣。好的水手可以善用風力讓船前進；同理，好的跑者可以最小的衝擊、最少的力氣，輕鬆地從重力中獲取速度。

我獻身跑步超過四十年的時間，這幾十年來，我致力於研究、教學與訓練，而且把全部的精力投入在如何善用地心引力的能量，並開發一種將重力導入的跑步技術，這種技術能幫跑者降低衝擊、免於受

第 2 章
我的跑步哲學

傷，而且「加快」速度。我稱這套跑步技術為「姿勢跑法」。不管你
是剛接觸跑步，或是已經在大馬路或田徑場上跑了三十年以上的資深
跑者，這本書是寫給所有想要跑得更快、更有效率，在跑步時避免受
傷、把衝擊降到最低的跑者。

　　但更重要的是，我想要你變成一位完全的跑者，融合自然的步
調，用你的雙腳輕柔、敏捷地踏過路面，就像幾世紀以前古希臘人一
樣，愛上自己每一個邁出的步伐。當你達到如此的境界之後，跑步將
不再只是一種運動，而是你生活的一部分。也許你不會馬上變成像古
希臘人所說的一樣健康、俊美與聰慧，但只要你跑得正確，你就已經
在這條路上向前邁進了。

第 3 章
學習「姿勢跑法」的最佳時機

學習從現在開始，永遠不嫌晚。
──西方諺語

　　對大部分的跑者來說，不管你有多豐富的經驗或才能，只要開始採用「姿勢跑法」來跑，代表你原本的跑步模式將有很大的轉變。還有，因為跑者習慣把注意力放在每星期的里程數或是個人的最佳紀錄上，所以非常容易著迷在「今天要長跑」或是「來個五公里快跑」之類的事，而忽視跑步的技術。因此，將原有模式轉換到「姿勢跑法」的時機，最好安排在賽季結束後，也就是你對於成績的期望降到最低的時候。

　　就像游泳和騎自行車一樣，跑步的模式是由非常簡單的動作所組成，這些動作經過幾百萬次的重複之後，就會深烙在你的體內。有句老話說：「你只要學會騎自行車，一輩子都不會忘記。」因此，不論是否曾接受過指導，一旦你的個人模式建立了，被稱為「過度學習」（overlearning）的重複過程會讓這個模式定型成為你身體的一部分，每一個部分都像你的簽名般獨具特色。

　　當你努力想改變那個模式時，你會發現只要一跑快或跑遠一點，身體就會下意識地回到你已經習以為常的動作。身體愈累，這種結果會更明顯。也就是說，你跑得距離愈長，跑姿就愈容易回到過去的模式，這將阻礙你學習「姿勢跑法」。

　　這對大多數的跑者來說很難克服。他們會覺得，如果一星期沒跑到四十英里（約六十五公里）就會失去長久鍛鍊的寶貴體能。如果那正是你目前的情況，當你練習本書接下來介紹的跑步技術時，試著找一些其他像是自行車或游泳的運動來維持體能，如此一來可以更容易

地使「姿勢跑法」定型成你的新跑步模式。

　　在你對跑步成績的期望最低時開始練習「姿勢跑法」（例如目標賽事結束後），接受這種新的模式就不會有太多的不安，你可以在不用擔心成績退步的心情下適應新的技術。如此一來，當你逐漸增加里程數時，你已準備好用新的技術跑出速度。此外，從事其他運動帶來的附加好處是：你的替代運動將會強化身體的其他部位，而且也會使你在面對艱苦的跑步訓練時更有精神。

第4章
開始之前，先做個簡單的考察

厲害的賽跑者總是以優雅的節奏，流暢地跑著，就像內燃機引擎一樣。
他們不像個蹦蹦跳跳的慢跑者，不浪費體力，也不和馬路奮戰。
這些人就像在馬路上流動一樣，而且是以非常快的速度向前奔流。
——美國作家杭特‧湯普森（Hunter S. Thompson）

　　不管你是正在追求卓越表現的跑步老手，或只是剛接觸這項美妙
運動的菜鳥，在開始練習「姿勢跑法」之前，我建議你先去做個簡單
考察。這項考察只會占用你週末早晨幾小時的睡眠時間，不用花上你
任何一毛錢。

　　首先，鎖定你家附近的一場跑步比賽，不用太長，五公里或十公
里就足夠了。不是要你去比賽，而是要你當觀眾。在這項考察中，你
既不需要馬表，也用不到比賽的選手秩序冊；只要用你的眼睛與耳朵
就可以了。你將測試一個被廣為認可的理論：世上並不存在一種正確
的跑法。

　　這種理論認為，每個人都是獨一無二的，跑法當然也就有所不
同。事實上，這個理論衍生的一些變形理論甚至認為：試圖修正「與
生俱來」的跑步動作，一定會導致受傷或成績退步。

　　在比賽開始之前，先站在離起跑線半英里遠（約八百公尺）的地
方，這是一些太早搶先衝刺的選手逐漸落後而「實力派」跑者呈現領
先態勢的位置。當領先選手接近你時，把他們當成一個整體來觀察，
注意他們非常有效率的動作，以及臉上呈現一種平和、猶如禪定般專
注的表情。

　　當領先團來到你的所在位置時，你可以開始把注意力從「眼所
見」轉移到「耳所聞」。他們落下的腳步非常輕柔，輕柔到呼吸聲都

比他們的腳步聲還大些。

　　接著，繼續聽落後選手所發出的聲音。領先團剛剛以急速的步伐輕掠過你面前時，只聽得到他們的輕微呼吸聲，相較之下，你會發現落後選手的腳步聲很沉重，而且比賽才來到半英里的位置，落後選手的喘息聲已經略顯吃力，但最大的聲音來自他們雙腳重踏地面的聲音（【圖4.1】）。

【圖4.1】啪！

1

本章一開始的引言引自美國著名記者杭特‧湯普森的著作《洛諾神的詛咒》（*The Curse of Lono*），他鮮明地描寫出檀香山馬拉松厲害跑者與一般慢跑者的差別：

> 跑者們都是不同的。
>
> 他們之中很少有人能夠流暢地跑，而且真正懂得高速快跑的人也不多。
>
> 跑得愈慢的人，通常發出的聲音也愈大。
>
> 當計時器跳過四個數字，也就是比賽進行超過一小時之後，
>
> 賽道上會開始充滿各種混亂又吵雜的聲音。
>
> 跑者們原先腳步流暢的嘶嘶聲，逐漸變質為──
>
> 由「腳掌不斷拍打與撞擊地面」所組成的暗黑巫婆湯。[1]

將上述畫面印在腦子裡，然後移步到距離終點線前四百公尺處，在這裡離全力衝刺的終點還有一段距離。在比賽剛開始時，我們的觀察重點放在快與慢兩群跑者的比較上。現在轉到終點線前，領先集團與落後的跑者已經散開了，你可以好好觀察跑者個別的跑步模式。

你會注意到的第一件事是，比賽過程中跑姿走樣最輕微的選手，就是那些能贏得比賽的跑者。雖然他們的節奏也許稍微不穩定，但你會發現他們還是很有效率地往前移動，臉部面無表情，而且同樣專注。跑步比賽的贏家，儘管用盡全力比賽，但他們的表情與動作往往

（至少他們還在跑步狀態時）不太會表現出比賽對他們的影響。

　　當後面的跑者陸續跑向終點線時，你會開始目睹各式各樣的跑姿。各種狂亂的衝刺方式，像是胡亂擺動的手臂、蹣跚的腳步、扭動的身軀等等。有些跑者很明顯以腳後跟先著地，或是整路都以腳尖用力把身體往前推，而且這些跑者幾乎整路都面目猙獰地向終點跑去。

　　你可以從這次的考察中得出什麼結論呢？當然我們不該期望有什麼靈光乍現的頓悟，但我們現在可以很公道地說：比起差勁的跑者，優秀跑者的跑步動作都很接近。你也可以說那些厲害的跑者似乎跑起來更有效率、更專注。但最重要的是，經由這次實際觀察跑步模式的差異，你可以清楚明白人類並非天生就被賦予正確的跑步動作。為了跑得更好更正確，我們必須下工夫練習才行。

譯注：

1. 作者這裡用「巫婆湯」來比喻比賽中跑者遇到撞牆期的痛苦感受。

2

「姿勢跑法」的實際功用

第5章
消除跑步的運動傷害

跑步運動傷害的第三定律是：
受傷就是表示，
運動員已經達到他的臨界點了。
——南非科學家提姆・諾克斯（Tim Noakes）

　　為何要花心思學習新的跑步方法呢？

　　這是個合理的問題。如果你無法相信學習「姿勢跑法」是有價值的，那你就不適合跟著這本書的概念來改變你原有的跑法。任何事的價值取決於它實際的功效，也就是說，新引入的事物會怎樣增進你完成任務的能力？它又能給你什麼原本沒有的能力？

　　你可以問任何一位跑者，看看對於跑步他們最想改變什麼？你會得到類似這樣的答案：「我想要跑得更快」、「我想跑得更遠更有效率」，還有「我再也不想受傷了！」

　　雖然很少有人會這樣回答你：「我想要變成一部更有效能的跑步機器」，但這確實是任何跑者的終極目標，讓自己變成一個跑得更快的人，不想再讓煩人的運動傷害拖累自己的速度。然而，我並不是說

2

「姿勢跑法」會讓一個普通人瞬間變成奧運紀錄保持人，但這個技術的知識和力學技巧可以大幅提升你的表現，並降低運動傷害。

以下是影響我們跑步表現的三種主要限制因素：受傷、技術與個人體能的極限。在正式介紹「姿勢跑法」的技術之前，我想要先談談「姿勢跑法」如何被設計來處理這三種限制因素。在這一章，我先從「受傷」這個令人頭痛的問題開始。

如果說「規律」是跑步訓練計畫中最重要的一環，那受傷就是「規律」練習中會遇到的最大敵人。讓我們來談一談「受傷」有多麻煩，並看看「姿勢跑法」如何處理受傷問題。

任何有跑步經驗的人都知道，受傷就像鞋子、襪子和短褲一樣，是跑步的一部分，例如壓力性骨折、膝蓋痛、腳踝扭傷、阿基里斯腱拉傷、下背部疼痛、足底筋膜炎等等。有趣的是，雖然已經有大量的資源投入跑鞋的設計與訓練理論的研究，但從一九七〇年跑步這項運動開始興盛至現今，因跑步而受傷的狀況似乎從未改變。

這類令人難過的統計資料在一篇又一篇的文章中出現。在一九七七年時，著名的雜誌《跑者世界》（*Runner's World*）中有篇文章提到：「一年當中，每三位跑者就會有兩位蒙受運動傷害之苦，使他們不得不中斷或減少練習量。」二十年後，蓋瑞・古騰（Gary Guten）寫了《跑步運動傷害》（*Running Injuries*），他在這本書裡提到：「有更多的研究發現，與跑步相關的傷害發生率與早年並沒有太大的差異。」當前（此書著於二〇〇四年）光在美國地區，有跑步習慣的人

口約三千三百七十萬，以這個數字算出來的傷害發生比率會很驚人。天啊！每年約有兩千兩百萬名美國跑者因受傷而中斷練習。

雖然跑步受傷的人數與頻率不變，但跑者受傷的腿部位置似乎逐年往上移。在七〇年代，大部分跑者主要的受傷部位集中在腳掌和足踝。到了九〇年代，這些部位的傷害已經降低，取而代之的是小腿和膝蓋的傷害提高了。

如果我們把腳掌和腳踝受傷比例降低的原因，歸功於鞋子的設計與技術，那小腿和膝蓋受傷的比例上升，又該怎麼解釋呢？

古騰在書中歸納出造成運動傷害的四種因素：改變、排列、扭傷與速度。造成運動傷害的第一種因素是由「改變」造成的，這在跑者之間很常見，原因在於跑者突然增加里程數、訓練距離、頻率或是強度，使每週的訓練量突然增加百分之十以上。換句話說，跑者為了想要進步得快一點，而犯了所有錯誤中最基本的一項：過度訓練，非但沒有跑得更快，還讓自己受傷。

造成運動傷害的第二種因素是「排列」（alignment），按字面上的意思：「在跑步過程中應該讓身體保持在一直線上（呈直線排列）。」那些具有完美身材比例的運動員，天生就有筆直的腿、脊骨與手臂，所以他們很少發生受傷的情況。第三種因素是「扭傷」，它比較少發生在跑者身上，但卻在高爾夫球、體操或排球選手身上經常發生。第四種因素是「速度」，也就是跑太快了，此種錯誤常常是因為跑者太急於從基礎的距離訓練轉移到間歇訓練的緣故。

2

　　還有其他特殊的因素會造成跑步的運動傷害，包括路面與鞋子。這些林林總總的因素可能分別或同時一起導致或增加傷害的發生。當然，跑步的時候，還有很多其他因素會帶來麻煩，但我認為這些因素仍然遺漏了最重要的一點。

　　在所有的研究當中，並沒有把運動傷害和跑步技術連結在一起。像打網球這種使用球拍的運動，專業教練或許從球員發球的瑕疵，就能馬上指出該瑕疵會造成肩膀的傷害。但跑步並沒有公認的正確動作，所以很難界定哪種跑步模式可能會導致哪類的傷害。

　　況且，若絕大部分的業餘跑者都是自我訓練，就很少有機會被指正錯誤或做專業的調整。即使有專業的教練，教練可能只指導某些部分，而且還得看教練本身的執教風格、知識、經驗，以及個人偏好。

　　這造成一種非常奇怪的情況：關於跑步的研究持續發表，跑鞋也已經大大地改良，一般的跑者也比從前知道更多關於訓練與比賽的知識，但是因跑步而受傷的頻率一點也沒有改變！這不就顯示跑者在跑步的準備中缺了某個重要的環節嗎？

　　單就常理便能清楚地明白，正確與完整的跑步模式不僅直接影響你的跑步水準，同時也是預防受傷的有效方法。我們先來看以下的假設：身體某個部位一受傷，這個傷其實會構成全身部位的機能故障。當身體的運作正常，全部的系統都在正確的規律與調和下執行，應該就不會受傷。但只要這個機制一有閃失，身體正常運作的模式被打破了，身體的某部分就會開始受損。

第5章
消除跑步的運動傷害

　　我們可以用撞傷腳趾頭的情況來說明。假設你今天早上光著腳走路，不小心踢到桌腳，腳趾頭腫了起來，你以為那雙一百美元的鞋子保護效果十足，於是仍在黃昏時依照訓練計畫去跑個五英里（約八公里）。

　　一個星期後，腳趾頭已經不痛了，但你猜發生了什麼事？在不知不覺中，另一個隱伏的疼痛進駐你的膝蓋。原本微小的問題，因為你太過堅守既定的訓練行程，如今引發潛在的連鎖傷害。

　　引發這樣的傷害是一定的，因為你為了減緩腳趾頭疼痛，會下意識微調平常的跑步步伐，膝蓋開始承擔過多的壓力，經過一個星期的練習後，累積的壓力會導致結締組織破壞，疼痛就此產生。

　　從工程學的觀點來看人體，你會發現人體的運作真是令人驚異，它有能力在陸地上與水中進行各種流暢的動作。為了做到這些動作，人體內的各個部位與系統既能獨立運作，又可互相支援。

　　但從上述踢到桌腳的例子我們也了解到，人體只要有某個部位或系統稍微失調，整個身體就會陷入不平衡的狀態，傷害的風險就產生了。這樣，你拿來跑步的這部「機器」就失調了，而且還落入全部報廢的危機中。

　　任何運動（包括跑步）中的「技術」，都是所有訓練元素的總合。不管我們是鍛鍊肌群、心肺系統或是意志力，我們想開發的潛能和下的苦工都是鎖定在一個單純且重複的動作上。不管你把訓練的重點放在像跳高那樣單一的特定動作，或是像跑步一樣不斷重複的移動

2

動作，訓練的重點一切都歸結於讓動作熟練的「技術」上。

　　其實，條條大路通羅馬。如果我們想要避免受傷而且跑得更有效率，就必須發展一種對人類身體最有效率的技術。如果我們允許的是糟糕的技術，那不但會使你在加快步伐中耗費更多的能量，也會增加運動傷害發生的可能性。

　　一九七七年那個蕭瑟多雨的早晨，深植在我心裡的想法，讓我開始去發展一套完美跑步技術的模型。如同我在第一章最後所說的，這個模型的重要元素包含平衡、身體各部位連結的緊密度與肌肉適能等變換每種姿勢時必須要求的重點。針對這個模型，我要再加上一個必備條件，那就是每個姿勢一定要減低受傷的風險。

　　你看，跑步的動作擁有其自身的生物力學結構，而且活動身體的範圍和跳遠、投擲或跳舞沒什麼兩樣，所以我們應該把它視為一種技術性的運動，這樣我們就能輕易地駁倒那些主張跑步是人類第二天性的人。從這個觀點來看，很明顯地明白大部分人從出生開始就沒有所謂的正確跑步習慣；跑步非但不是先天習性，顯然還是後天養成的技巧，而且就像其他任何技巧一樣，有些人表現很差，但也有人可以達到完美。

　　身為教練與科學家，我明白我很需要一套結合科學和實務的方法，可以馬上拿來教學生，而且對各種水準的跑者來說也不難。分析過很多人類生物力學後，我認為理想跑步技巧的重要姿勢是：像S型一樣的單腳平衡站姿。跑步本身之所以能向前移動，就是身體在關鍵

第 5 章
消除跑步的運動傷害

姿勢向前落下與雙腳轉換支撐的結果。這正是我在七〇年代中期所發現的「姿勢跑法」，所有的跑者都會通過「關鍵跑姿」、「落下」和「拉起」這三個元素。在建構「姿勢跑法」的理論時，我的理念是運用大自然界提供的事物，然後好好發揮它的效用。我希望跑者可以從重力中獲得最大的幫助，把身體耗費的能量降到最低，那需要慣性和肌肉本身彈力的幫忙。換句話說，最佳的跑步方式應該是跑起來最輕鬆的方式。如果這個輕鬆跑起來的方式是善用大自然而來的能量，消耗的體力又最少，那麼我們在增加速度與耐力的同時，勢必還能降低受傷的風險。

第6章
想要進步，你必須改變

世人都討厭改變，
但改變是唯一能帶來進步的方法。
—— 美國發明家查理士‧凱特林（Charles F. Kettering）

「姿勢跑法」真的能使我變成一位跑得更快的跑者嗎？

這真是一個重要但難回答的問題，我的回答是：「想只靠它起作用？是不可能的！」

覺得意外嗎？用不著。唯一能使你跑更快的只有——你自己。「姿勢跑法」不過是一種能幫助你學習跑步技巧的工具罷了。

為了達到這個目的，經驗老道的跑者必須先克服內在的不情願，因為原來非常習慣的跑步模式會被打亂。有人飽受頻頻受傷之苦，但在沒受傷、跑得又不錯時，又會自我感覺良好地認為：「這樣跑也沒什麼大礙，哪裡需要修正呢？」

會這樣想很正常，但是這種想法只會讓你的成績和眼前沒什麼兩樣。大家都知道，想要將格局拉到另一個水準，就必須進行很大的改變。或許下面兩位世界級運動員的故事可以幫助你下定決心。

老虎伍茲（Tiger Woods）在一九九七年像颶風般襲擊卡羅來納州（Carolinas），橫掃高爾夫球職業賽。年輕且充滿爆發力的老虎伍茲，已經連續三年拿下美國業餘錦標賽冠軍頭銜。隨後他進入GPA職業錦標賽，並且以新人之姿在七場比賽中贏了兩場。在他放棄參加世界最具權威性的比賽——美國高球名人賽的同時，他已打破職業錦標賽GPA的紀錄。

當他的競爭對手與各界媒體一致認為，未來二十年將由這位年輕小夥子主宰時，他的看法卻和眾人完全不同。他檢視自己的比賽，認定自己缺乏扎實的基礎，無法在多年後仍然維持現在的表現。這麼年

第 6 章
想要進步，你必須改變

輕的人能有這樣的反省真是少見。伍茲認為自己非但沒有稱霸場上的本事，還覺得他的成功是因為速度和反應，而這兩項能力會隨著年齡自然減弱。

所以，老虎伍茲選擇不留戀那個連戰連勝的賽局，決定中斷所有比賽的行程，回到指導教練身邊，重頭來過。這對於在高球界已傲視群雄的伍茲來說是很大的賭注；中斷比賽期間，當其他選手開始贏得各項大賽的同時，還有一些質疑他能否復出的謠傳。

但經過十八個月之後，新的老虎伍茲誕生了。當時大衛·杜瓦（David Duval）在一九九九年中期穩坐高爾夫世界排名第一位，但老虎伍茲開啟了新的局面，不但連贏五座冠軍，還直逼傳奇人物拜倫·尼爾森（Byron Nelson）的紀錄。他所做的事需要極度的自省能力和十足的膽量，但老虎伍茲展現了他改變的勇氣，最後使他達到偉大的成就。

他接下來依序贏得了高爾夫球四大賽事的冠軍（包括美國高爾夫球公開賽、英國公開賽、美國名人賽和美國職業高爾夫球協會錦標賽），被稱為「老虎大滿貫」（Tiger Slam），這樣的表現就證明他在一九九七到一九九八年間的改變是明智的。

另一個例子是自行車選手蘭斯·阿姆斯壯（Lance Armstrong），在一九九九年歐洲職業比賽所面臨的挑戰。阿姆斯壯在青年時期就是有天分的鐵人三項選手，在自行車方面更展現驚人的天賦，因此在十七、八歲時，決定轉為全職的自行車選手。他開始到歐洲參加各大巡

2

迴賽，不久即成為有史以來第一位贏得世界盃自行車冠軍的美國人，他擊敗眾多世界級菁英好手，包括當時的環法自行車賽冠軍馬奎爾·英杜蘭（Miguel Indurain），當時他才二十二歲。阿姆斯壯不僅是環法自行車賽中一些賽段的贏家，甚至在當時獎金最高的「三冠王」（Triple Crown）[1]賽事中連拿三次冠軍（比賽獎金高達百萬美金，是當時環法賽的五倍），因此被拿來與美國的傳奇車手——曾奪下三次環法冠軍的葛列格·雷蒙德（Greg Lemond）相提並論。

身為一位自行車選手，阿姆斯壯最傑出的資質在於他無人能比的爬陡坡能力，尤其擅長在自行車手稱為像「牆」一樣的急升陡坡上騎車。他總是能在「牆」上甩開對手。他第三次取得美國職業車賽冠軍，就是在費城著名的馬拉揚克陡坡（Manayunk Wall）強力攻擊，甩開對手贏得勝利。另外，一九九三年在挪威首都奧斯陸（Oslo）參加世界錦標賽時，也是靠著優異的爬坡能力，讓他甩開由英杜蘭領頭的集團。使英杜蘭只能屈居第二，阿姆斯壯獲得當年的冠軍。

阿姆斯壯的優異表現大都是在單日的賽事中，使他致勝的關鍵因素，似乎成為他在長距離賽事中的不利條件，像是環義大利賽、環西班牙賽和最重要的環法賽事。想要贏得長達幾十天的巡迴賽事，驚人的爆發力並不是那麼重要，最重要的是能在高山上日復一日地長途騎行，同時還要有能力在短時間的計時賽內把自己逼到極限。阿姆斯壯的紀錄只是一個很棒的單日自行車手，但他絕不可能在長達三星期的巡迴賽事中奪冠。

第 6 章
想要進步，你必須改變

　　到了一九九六年時，所有的實力與成就對阿姆斯壯來說都變得不重要了。那一年，他在亞特蘭大奧運的公路賽上騎出令人失望成績的同時，被診斷出睪丸癌。而且，檢驗結果顯示癌細胞已經擴散到他的腹部、肺部和大腦。他生命中首要的挑戰不再是獲得賽場上的勝利，而是如何繼續活下去。

　　阿姆斯壯積極治療，以正面的態度對抗癌症，且在一九九八年回到歐洲的職業賽場上。一開始他的表現差強人意，就連他自己也不確定是否能回到以前的水準。但在一九九八年賽季末了時，世人非常確定阿姆斯壯回來了，他在三星期的環西班牙賽事中取得總排第四的成績，還連續奪得世界計時錦標賽（World Championship Time Trial）及世界公路錦標賽（World Championship Road Race）的冠軍。

譯注：

1. 這三場賽事分別為：匹茲堡的史威夫特藥店經典賽、西維吉尼亞的凱瑪特山區經典賽（Kmart Mountain Classic）和核心財務錦標賽（CoreStates USPRO Championship），能囊括這三項冠軍的選手，就能獲得百萬美元的獎金。（John Wilcockson 著，莊安祺譯：《蘭斯‧阿姆斯壯：環法自由車賽七冠王》，台北市：聯經出版，二○○九年十二月初版，頁 151）

第7章
甩開束縛，自由地跑出你的最好成績

唯一的真理是，
那些能引領你通向自由的事物。
——《天地一沙鷗》作者李查‧巴哈（Richard Bach）

　　自由？我們在談跑步的傷害和技術，現在竟然要談「自由」這個概念，不是很怪嗎？沒錯，我們是可以放開每天的生活束縛，自由地跑步，但我們有多少人是真正允許自己自由自在地去跑自己想跑的路？很遺憾，這樣的人非常少。

　　當精神上獲得「自由」，才能將潛藏在我們體內更高的實力激發出來，只是人們都習慣替這種自由設限（圖【7.1】）。你也許總是告訴自己「我永遠不可能在四十分鐘內跑完十公里」，或是「我不需要做間歇訓練」。為了幫自己的期待找舒適範圍，你寧願在你的最好表現上設限。這時，你已經選擇了「不自由」。

【圖7.1】人生的局限。

第7章
甩開束縛，自由地跑出你的最好成績

自我設限，你就會自我滿足。認定自己永遠無法在四十分鐘內跑完十公里，所以十公里只要能跑四十分三十秒，你就會覺得非常滿意，認為這是你最好的成績了。還有，逃避間歇訓練，高興自己不用跑得那麼辛苦，而且還不會「受傷」。可是，如果不在潛意識層面自我設限，其實你可以做得更好。

當然，一提到跑步，我們不可能百分之百覺得自由，人身上一定會有限制，包括家庭、工作和社群活動等社交考量，還有像是天氣、地形和重力等外在因素，它們都會限制你的最佳表現。

這是現實的人生，但優異的跑步技巧能幫你盡量降低既有的限制，將你的表現提升到更高的水準。為了達到此目的，你必須有意識地建立跑步的心態與精神。

首先，你必須先思考這些既有的限制從何而來。你也許常常因為出外練跑，沒有花時間陪孩子或做家事而感到內疚。你也許是在一個不重視運動的家庭長大，家人總認為跑步跟學習樂器或讀書比起來是在浪費時間。你也許還不打算把跑步當成一種挑戰，或是去參加比賽。你個人的局限或許是當前的時勢所趨，也可能是日積月累下來的。

同樣的，在身體層面的限制，你也許覺得自己的體重太重跑不動或膝蓋負荷不了，或者夏天跑步太熱、冬天跑步太冷，又或者住家附近沒有適合跑步的地方。

還有，你已經在跑步了卻避開間歇訓練，或許這也是一種設限。不過這部分還說得過去，因為假設你的跑步方法有缺陷，間歇訓練不

2

只會讓你在一瞬間感覺很「痛苦」，還會造成受傷。

　　既有的限制這麼多，而克服限制的關鍵其實在於「了解」：你必須去了解周遭的生活環境，運用你的智慧將跑步和你的家人與生活結合在一起；了解各種跑步裝備、水分的需求量與休息的重要性等，使你在任何情況下都能跑；了解你所居住的鄉鎮和附近的街道，你就會找到適合訓練的跑步路線。

　　最重要的是，「了解如何跑」才能讓你跑得更自由。當你認識身體的結構，又知道如何跑時，你就不會害怕過度訓練與受傷，這樣你才能放手讓自己去跑更長的距離、做費力的間歇訓練，然後，也才能更自在地跑得比以前快。

　　為了達到最佳表現，你必須以一種自由開放的心態去克服限制。這一切該從正確的跑步技術基礎開始。相信你的技術，就會賦予你信心去超越局限，發掘自己真正的潛能。

　　一旦以你建立出來的實力、速度、靈活度、協調性和耐力跨出每一步，你的心態就會愈來愈踏實。帶著踏實的心，你就不再害怕跑長距離或做更艱苦的訓練，你也不再逃避那些能使你更上一層樓的體能訓練。不畏懼嚴酷訓練過程中的痛苦，全新的心態會讓你樂在其中，而且發現自己原來禁得起這樣的試煉。

　　以前你總會下意識地害怕跨出局限，刷新自己的十公里個人紀錄，但全新的了解會讓你用期待與享受的心情去達到個人的新紀錄。當然，還是會有痛苦，但在短暫痛苦之下隱藏的是：成就所帶來的豐

碩滿足感。

　　這些怎樣才會發生在你身上呢？你又要如何克服人生的限制，馬上成為有智慧、強壯、有自信，而且最後變成更快的跑者呢？這不可能一下子就達到，而是一段關於耐心、學習、專注力與決心的進化過程。一開始你可能會覺得自己好像在走回頭路，原本你一個星期會跑上五十～六十五公里，現在卻花許多時間做技術訓練而跑得很少，但只要你通透「姿勢跑法」，過去你對跑步的期待都會一一實現。

　　惱人的運動傷害會逐漸消失，讓你忘了它的存在。以前偶爾會出現的最快速度，不久後會變成你常態的穩定速度。你不再害怕間歇訓練，反而興奮期待下一次間歇訓練的到來。即將到來的比賽不再是你發愁的原因，反而是你刷新個人紀錄的好機會。然後，你會很自由地邁向成功。

第8章
無比輕盈的跑法

你可能聽過有很多人只是因為身體無法承受衝擊而停止跑步，或者減少每週的里程數。或許你就是這種人，而且愈來愈厭倦身體老是痠痛、小腿疼、膝蓋痛、腳後跟瘀腫，或甚至發生最令跑者害怕的足底筋膜炎。

毫無疑問地，有這些毛病就會想減少跑步的量，只是如果能避免這些不舒服，你真的不會想繼續跑嗎？當然，你絕對會想！那到底該怎麼辦？祕訣就是，不要再用你的腳去撞擊路面，開始學習輕巧地從路面上穿越而過的技巧。

一般人最普遍的跑法是以腳後跟著地，然後到整個腳掌，最後以腳尖離地，這就等於把全身的體重施加在你的腳部，同時也會增加腳部在地面上停留的時間。

剛開始，為了以腳後跟先著地，你的腿必須向身體前方伸直跨出（【圖8.1】）。腳掌著地後，體重會依序從腳跟與中足，再到前腳掌。因為腳掌的落地點在臀部前方，所以你全身的重量會在腳部形成多餘的壓力。接著腳尖離地，你只能試著向後使力蹬，把你的身體往前送。難怪會受傷！

用全身的力量猛踩的結果，聲音會非常大。用一個簡單的測試便能明白。找一條遠離交通噪音的直路，聽聽看在不同跑速下，你的腳步發出的聲音。砰、砰、砰……聲音非常清楚，這就是你全身的重量猛踩在路面上的聲音。

相較之下，當你掌握「姿勢跑法」的要領後，你會體驗到無比輕

第 8 章
無比輕盈的跑法

【圖8.1】整條腿往前。

盈的跑法。膝蓋一直保持微彎以吸收地面的衝擊力,先以腳掌前緣著
地,而且盡可能縮短著地的時間;更重要的是,腳掌著地點要剛好落
在身體的下方,而不是在身體的前方。

　　跑步不用猛踩的方式,現在你真的可以翱翔於道路上了。仔細聽
你的腳步聲,已經不再是砰、砰、砰,而是嗒、嗒、嗒。把注意力集
中在你的輕踩上,當你的速度加快時,你要讓輕踩的聲音愈來愈小。
你與地面唯一的碰觸只有簡潔輕踩的每一步。你跑起來不會再是以全
身重量「壓過」地面,而是全身「輕掠過」地面。

　　這就是無比輕盈的跑法。

「姿勢跑法」的基本概念

第9章
自我學習「姿勢跑法」

你最擅長教的項目就是你最需要學習的項目。
——作家李查・巴哈

教學相長。
——羅馬哲學家塞內卡（Seneca）

　　身為一位教練，經常得和選手在場上全力練習，但無法顧及到每個想學「姿勢跑法」的人，讓我很遺憾。可是要把我四十年來的經驗轉化為文字、照片與插圖，教人能夠自學這套新的跑步方法，其實挑戰很大。不過，一旦你接受「跑步其實是需要技術的運動」這個基本前提，你就會發現「姿勢跑法」有很多基本概念真的非常理所當然，而且容易理解。

　　要教人改進跑步的方法，需要面臨的挑戰是如何扮演好老師和學生的角色。這有點像你是一個代課老師被丟到一個班級上，要教的科目還不是自己專精的領域。此時的你同時是老師，也是學生；身為老師的你，學習的速度必須比身為學生的你超前一、兩章。想採用「姿勢跑法」的方式，你必須同時結合老師與學生的身分，就像本章開頭引用的兩句話所說的，這樣摸索過程才會大有進展。

　　實際的做法是，你要完全理解我接下來在第三部要說明的「姿勢跑法」概念。然後透過第四部和第五部裡的「姿勢跑法」實際操作，你可以從老師的身分，自信滿滿地指導那個扮演學生角色的自己。過程中，放心地把自己當成另一個人，然後自我教育說：「好，你現在所需要做的是……」，也就是說，教你的身體去做在大腦裡已經具象化的技巧。

　　或許學習「姿勢跑法」的重要因素，在於你願意思考、接受與教自己「姿勢跑法」的原理，而不是順著習慣或傳統的觀點。如果「姿

3

勢跑法」在傳統跑步觀念中就存在，那麼根本不需要這本書了！

人一踏上非傳統的領域時，就必須多花一些工夫去了解箇中的邏輯，再將這份理解從知識面轉化成為身體的具體知覺，才能確實完成特定動作。

如同上述，首先你需要接受跑步是一種技術，是一種移動身體的藝術，它就如同舞蹈、芭蕾、網球、游泳或武術一樣必須被教導。當然，學技巧一定會有天生優勢與吸收程度的因素存在。在天擇的支配下，有些人不需要特別學習就很會畫畫、歌唱、跳舞與跑步。但就算是這類天才，也必須透過專業教師的指導或是有系統的自我訓練才能達到世界頂尖。

在天擇之下，同樣也有一些有天分的跑者，他們與生俱來的跑步技巧就是我納入「姿勢跑法」的方式。儘管他們沒有受過跑步技巧的訓練，也沒有人教，但他們就是自然而然以「姿勢跑法」來跑。

麥可・強森（Michael Johnson）在一九九六年亞特蘭大（Atlanta）奧運田徑場上，兩百公尺與四百公尺項目中的表現震驚了全世界。電視播報員與體育記者總是會提到他「短促的步伐」，以及直挺挺的跑姿。從影片重播中可以很清楚地發現，強森的跑步技巧與其他跑者截然不同，其他人的步伐很長，而且身體特別向前傾。評論家會提到這項差異，但從來沒有人真正去分析它。

奧運會之後，強森的教練克萊德・哈特（Clyde Hart），在《跑者世界》中提到，他很早就發現強森的跑步姿勢跟其他選手非常不一

第 9 章
自我學習「姿勢跑法」

樣，甚至有點奇怪。然而，哈特具有足夠的智慧，他看出此種跑法顯然很適合強森，所以他從來沒有建議強森改變跑法。

另一位奧運冠軍同時也是五公里與十公里賽的前世界紀錄保持人海力‧格布雷塞拉西（Haile Gebrselassie），在《跑步時代雜誌》（*Running Times Magazine*）訴說他跑步技術的養成過程。他說：「當我十四、五歲時，我哥為了鼓勵我而送我一雙跑步鞋，但我把它晾在一旁。因為我習慣赤腳跑，總覺得鞋子太重了。」

有趣的是，這兩位世界級的短跑與長距離跑者，竟分別在不同的時空中共享著幾近類似的跑步技術，像古希臘人以前足著地的方法，格布雷塞拉西是在長距離赤足跑中鍛造出這種模式。你只要試著赤腳在草地上跑個幾分鐘，就會發現赤腳跑者絕對不會以腳跟先著地；他們會自然地以前足先著地，而且在著地時盡可能地保持輕盈。另外，我也不知道強森從哪裡學到這種跑法，他也是以前足先著地。而且他那吸引所有奧運觀眾的短促步伐，正可指出他的超高步頻與在奧運兩百公尺競賽中跑出十九秒三二之間的關聯性，那可能是人類跑步史上最了不起的紀錄。

假如哪天你碰到強森或格布雷塞拉西，還跟他們說：「我在電視上看到你用『姿勢跑法』跑步耶。」我敢肯定他們不知道你在說什麼。不過事實上，他們兩個跑步時都是前足先著地、步伐緊湊、多餘的動作很少，而且雙腳始終保持彎曲。天擇加上有智慧的教練指導，讓他們成了「姿勢跑法」的標準模範。

3

在這裡，我只解釋「姿勢跑法」的構成概念，因為我想讓你先對「姿勢跑法」的沿革、想法以及未來發展建立一些觀念。除非你很清楚知道做某件事的原因，否則要你全力投入非常不容易。比如說要改變「跨步跑」這個根深柢固的習慣，不只是去改變肢體上的動作，跑者要花在心態轉換上的努力，其實和改變肢體習慣一樣。沒錯，有時候你會想放棄，然後奪門而出，用你「本來的」方式跑個十公里。

所以，說真的，有兩件事我最不想看見它發生。第一，在還沒完全了解「姿勢跑法」是什麼之前，請不要嘗試用它跑長距離。第二，在你身體還沒真正體驗到這個方法帶來的感覺時，請不要輕易放棄。下一章要來談談如何吸取新知，而你唯一要做的就是：準備好經歷這段「教與學」的過程吧！

第10章
思考、視覺和感覺

任何事，不去了解它，
就別想掌握它。
——德國哲學家歌德（Goethe）

　　人們藉由不同的方法來學習。有些人是思考型的，有些人是視覺型的，有些人則是感覺型的（【圖10.1】）。事實上，這三種元素在我們學習過程中都會用到，只是程度不同，看我們用哪一種方法會占優勢。當你準備進入自學「姿勢跑法」的過程會面臨一項挑戰，那就是得確保你不論怎麼學，你的背後都有一套完整而且容易懂的方式，幫你從理解這套技術到身體實際會操作。

　　我們把「理解面」稱為「跑步是什麼」（what），把身體實際「操作面」稱為「如何跑」（how）；這兩者獨立存在，但在學習「姿勢跑法」的過程中又必須統合在一起。不過考慮到解說要簡單易懂，所以我們先分開來談，但你在自學的過程中一定要將兩者整合。

　　學跑步的過程中，最核心的重點當然是擁有一套專門的訓練，但很重要的是，必須先建構動作的知識與想法，讓腦中有這些動作的圖像，然後對這些動作有感覺。我們會產生各種動作的結構，特別是跑步。跑步的生物力學架構可以融合思考、視覺與感覺，然後我們最終的目標，是將這些元素在時間和空間下整合成一套全方位的技術。

　　我們的古希臘朋友認為「結構」的定律，就是將眾多部分（parts）合成一體（whole）。想順利完成跑步訓練，我們也必須在學習過程中活用三種認知方式。但說實在的，這不容易。

　　首先，不管你是透過思考、視覺或是感覺來學習，我們都必須理出「跑步是什麼」與「如何跑」的核心要素，然後將它們轉化為可以

3

【圖10.1】在動作教學上，我們會動用到三種認知方式——思考、視覺與感覺。

第 10 章
思考、視覺和感覺

讓你理解的說明。

　　針對「思考型」的人，我們必須說明知識的單一到整體，讓他們了解中間的邏輯性。一開始你可以告訴他們：「跑步即是身體在時間與空間中水平的移動歷程。在這個歷程中，人是以不斷交替左右腳著地的姿勢來移動。」接著用操作手冊訓練「思考型」的人，裡面詳列出跑步的每個步驟。一路下來，訓練這類型的人就是一方面解說重力的科學面，再搭配他們的親身練習，才能讓他們達到學會的目的。

　　另一方面，針對「視覺型」的人，在教學方法上完全不同。面對「視覺型」的人，我們可以利用自然界中可見或可聞的恰當比喻與圖像來說明，例如他們應該跑得像頭獵豹，跳得像隻袋鼠，或是駕馭重力就像馭風而行的帆船一樣。

　　最後，對於習慣用「感覺」來學習的人，我們會強調時間感、空間感、平衡感、速度感，以及肌肉收縮與放鬆的感受等等，這些感受在跑步的過程中都占有一席之地。對於新手來說，他們還沒有累積夠多的感受經驗，相對地，菁英跑者通常對自己每個微小動作的感覺都非常敏銳。你是靠感覺在學習的人嗎？以下是一些簡單的檢測，測試你的時間感與空間感。

　　試著不要看馬表，在心裡默數五秒鐘後按下停止鍵，看看誤差多少（【圖10.2】）。好的跑者通常每次都只會差十分之一秒。那你的測試結果呢？你可能會驚訝地發現自己試了那麼多次，按下停止鍵的時間點從三秒到七秒都有。也許，你的時間感沒有你認為的那麼好。

3

這裡還有另一個測試感覺的實驗。閉上眼睛，請你的朋友把手指放在你的手臂上，然後透過觸覺，說出他總共放了幾根手指。你的答案可能讓你們兩人都很驚訝。最後，試著像【圖11.2】所示的姿勢保持平衡。怎麼樣，沒那麼容易是吧？

【圖 10.2】測一下你的時間感。不要看馬表，在心裡默數五秒鐘後按下停止鍵，看看誤差多少。

以上這些簡單的測試顯示，每個人天生的時間感、空間感與平衡感都不同。這也代表，人在掌握一項新的動作技術時會動用到不同的能力，尤其這動作又涉及時間與空間的平衡協調。

就像一位優異的音樂家能夠分辨音準，畫家能辨別色差，一位好的跑者也必須學習精確掌握時間、空間、平衡感和觸感，盡可能將自己的跑步動作調整到最好。

為了完全消化吸收「姿勢跑法」，我們必須仰賴思考、視覺和跑感。這一切由「跑步是什麼」和「如何跑」開始，但最終都要回歸到知道、看到和感覺到。

第11章
關鍵跑姿

通透一件事，
你會了解所有的事。
——日本禪修大師鈴木俊隆（Shunyru Suzuki）

　　「姿勢跑法」的核心，我稱之為「關鍵跑姿」。它是雙腳循環交替過程中的一個姿勢，也是熟練跑步的關鍵。掌握「關鍵跑姿」的概念、意象和感覺，你的跑步功力就能提升到新的境界。反過來說，沒掌握好這個姿勢，你就無法在技術上有所進步。

　　從時間和空間分析我們身體的任何一個動作，你會清楚發現身體是在無數個「姿態」（position）或「姿勢」（pose）間進行轉換。大部分的姿勢都是動作的過渡，它們得靠一個關鍵姿勢才會出現。那麼，要釐清哪個跑姿是關鍵，我所做的是研究世上最厲害跑者的跑步影像，從連續動作中找到符合生物力學的「關鍵姿勢」（【圖11.1】）。

　　這個關鍵姿勢不僅會激發跑者不錯的表現，還能讓他們去掉多餘的思緒與不必要的動作，專心在完美跑步所需的確切動作上。如果我們能找到完美的「關鍵跑姿」，就可以說是直抵一切的核心，而且也能集中能量在推動身體前進真正需要的姿勢上，而不會浪費多餘的能

【圖11.1】跑步的動作是一連串姿勢的組合（深色部分表示最關鍵的姿勢）。[1]

3

量在無關緊要的動作上。

　　「姿勢跑法」的基礎理念在於：精準掌握關鍵姿勢，其他的姿勢就會隨著它一個一個正確地整合起來。我們在分析過世界級跑者的連續動作影片後，證實了最初的假設：的確有「一種姿勢」符合所有的條件，並可以拿來當成完美跑步動作的基礎。這項分析顯示，所有的跑步技術皆可經由單一姿勢的輔助來形成，那就是我一再強調的「關鍵跑姿」（【圖11.2】）。

　　要從跑步動作中判別出「關鍵跑姿」，有三種鑑定方法：平衡、彈力和潛在勢能。

　　處於「關鍵跑姿」的狀態時，跑者也剛好在支撐點上處於完美的平衡狀態。此時，你可以從頭開始，通過肩膀、臀部，一直到與地面

【圖11.2】「關鍵跑姿」的四種角度。

接觸的蹠球部畫一條直線（圖【11.3】）。支撐
腿的腳跟會略高於蹠球部，甚至可能稍微碰到地
面，但身體的重量永遠只落在腳掌前緣，而非腳
趾（【圖 11.4】）。

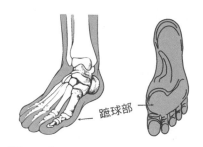

【圖 11.4】跑步過程中腳部與地面的接觸點
——體重剛好落在蹠球部。

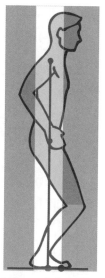

【圖 11.3】處於「關
鍵跑姿」時身體的
垂直校準線——通
過頭、肩膀、臀部
與腳掌前緣。

　　在完美的平衡姿勢下跑步，跑者不會把能量
浪費在多餘的動作上，只會用來維持姿勢的平
衡。那就是為什麼我們一開始要花那麼多心力去熟練跑步姿勢。而且
就像花式溜冰者要做旋轉和跳躍前必須花很多時間訓練舞步一樣，你
在做實際跑步的複雜動作之前，得先掌握其中最純粹的部分——「關
鍵跑姿」。

　　「關鍵跑姿」也是身體力道最集中、處於「準備前進」的狀態，
這會讓此時的肢體互相交替支援，使移動達到最佳的效率。換句話

3

說，這個姿勢可以讓身體潛在能量發揮到最大。此時的身體如同一顆在桌子邊緣準備滾動的球，蓄勢待發（【圖11.5】）。

【圖11.5】在桌子邊緣的球，已經準備落下。

最後，「關鍵跑姿」是有彈性的姿勢。此時肌肉肌腱與結締組織處於彈性能「滿載」，身體會處於像彈簧準備彈射的狀態（【圖11.6】）。

在前一章，我們討論到人在學新東西時會用到思考、視覺與感覺三種不同方式。現在讓我們很快地用這三種方式來分析「關鍵跑姿」。首先，我們的思考邏輯告訴我們「關鍵跑姿」的合理性：身體處於平衡、身體力道最集中，也是身體準備前進的狀態。不會浪費能量，而且跑者的身體很放鬆，準備把他們的所有能量直接釋放到前進

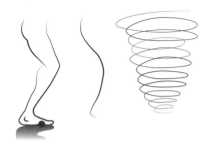

【圖11.6】呈S形站姿的腿猶如彈簧——此時肌肉累積最大的彈性能。

第 11 章
關鍵跑姿

動作中。

　　第二，從視覺化的觀點來看，試著想像一隻為了追捕獵物正在草原上飛奔的獵豹（【圖11.7】）。運用你的想像力，把畫面停格在獵豹的四隻腳都正在身體下方的時刻，這時獵豹的肌肉完全放鬆，身體也載滿能量，準備向前衝到下一步，那正是獵豹的「關鍵跑姿」。人類的「關鍵跑姿」也是身體載滿能量、蓄勢待發的狀態。

　　最後，我們該如何去感覺跑步的關鍵姿勢呢？穩定、平衡與放鬆。當我們無法掌握關鍵姿勢時，肌肉為了保持姿勢會稍稍向左右或前後收縮，這就浪費能量了。關鍵姿勢練得很熟時，我們會覺得自己彷彿可以這樣站一整天，而且隨時準備以毫不費力且迅捷的動作向前跑去。

【圖11.7】獵豹跑步的關鍵姿勢。

譯注：

1. 關鍵跑姿：騰空腳腳跟在「臀部正下方」；支撐腳腳跟應該「觸地」。黑點代表重心位置。

第12章
自由落體的概念

這裡有個關於練習的好建議：找大自然當夥伴，
她會用超過你所付出的一半力氣來幫你，而且從不要求任何回報。
──美國醫師暨作家馬汀‧費雪（Martin H. Fisher）

　　看到優秀跑者的表現時，我們往往會說他們的跑步模式是放鬆、
自在與毫不費力。換句話說，我們會覺得這些人跑起來後動作流暢，
不拖泥帶水。但有趣的是，人類身為自然界最厲害的模仿專家，我
們會去模仿老虎伍茲的揮杆與貝瑞‧邦茲（Barry Bonds）的打擊動
作，或是麥可‧喬丹的投籃技巧，但就是不會去模仿優秀跑者的動
作。我們會羨慕那些優秀跑者的流暢動作，卻習慣將這視為他們的天
分，而不是可以拿來仿效的技巧。

　　正因為我們從未試著去模仿優美的跑步動作，所以我們就更少去
思考這些流暢動作的來源。如果今天換成是看魔術表演，我們一定會
問：「他到底是怎麼辦到的？」但是當我們看到優秀跑者在重力中游
刃有餘，不受它的影響，我們反而不會去問相同的問題。

　　答案其實就在我們身邊──重力（【圖12.1】）。優秀的跑者不受
重力干擾，反而把它當成向前跑的免費動力來源。就跟跳傘員會被龐
大的重力拉向地球表面的道理相同，如果我們可以挪用重力，就可以
用較少的體力跑得更遠、更快。

　　每天二十四小時重力都伴隨在我們身邊。重力深深地影響我們的
每一個動作，打從出生的那一刻開始，重力就一直影響我們身體的發
展。對我們來說，重力僅僅只是存在，但我們很少想到它和我們之間
的關係。事實上，重力在人類的動作上扮演非常重要的角色。你可以
說，想要跑步若不了解重力，就像想要駕駛帆船不了解風一樣。

　　從這樣的比喻出發繼續思考，帆船是因為水手捕捉到風才能前進

第 12 章
自由落體的概念

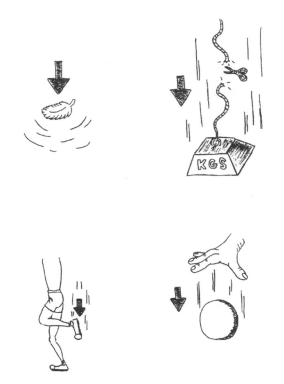

【圖12.1】「重力的運作」——重力以9.8公尺/秒²的加速度把物體向地球表面牽引。

（【圖12.2】），同樣地，我們也可以「捕捉」到重力來使我們的身體前進（【圖12.3】）。擷取大自然中免費且豐富的能量來源——重力，然後駕馭它，你就能跑得像風一樣。記住，帆船並不是利用水手本身的力量使船前進，而是水手捕捉風力的技巧推動船前進。跑步也一樣，你需要學會把重力的力量轉換成水平前進的技巧，這項技巧會決

3

【圖12.2】航行中的帆船。水手並無法推動船，他只是移動帆去捕捉風，是風使船前進的；跑者也無法去推動身體前進，是重力使身體前進的。

定你能跑得多遠、多快。

　　諷刺的是，大家都忘了重力在動作中的潛在價值。這個概念並不是新發現，早在十五世紀文藝復興時期，達文西（Leonardo da Vinci）就已經詳述了地心引力（重力）是移動的起源。達文西說：「移動，是由於平衡被破壞所造成的。換句話說，一物體的重量平均分布等同處於平衡狀態，是不會自行移動的，而該物體移動最快速的時間點就在它遠離平衡狀態最遠的時候。」他更進一步補充：「在動物移動的過程中，速度最快的時間點似乎就在身體向前落下之時。」[1]換句話說，最能有效運用自由落下的動物，移動的速度最快。

第12章
自由落體的概念

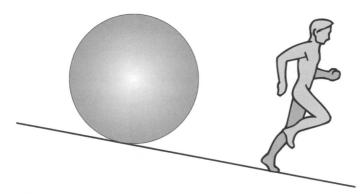

【圖12.3】跑下坡時會感受到重力下拉的力量。

「重力」是恆久不變的力量，從達文西時代開始，大家對它的了解都沒什麼改變。然而，可以改變的是，我們能夠利用重力來開發出更優秀的跑步技術。也就是說，為了跑得更好，我們必須讓身體學會自由落下。我們吸收消化這項技巧的程度高低，馬上就可以展現在我們跑步的速度與耐力上。簡單來說，優美的跑步技術是一門放開身體自由落下的藝術。

現在最大的挑戰，是發展一套理論與方法來使身體在向前落下時能具有最大的自由度。就如同達文西的論述：移動就是失衡，準備失衡落下的瞬間雖是一種平衡狀態，卻只需最少的外力就能觸發落下的機制。

對跑者來說，這種最容易落下的平衡狀態正是我們稱為「關鍵跑

3

姿」的姿勢。處於「關鍵跑姿」時，膝蓋微彎，身體的重量支撐在腳掌的蹠球部上，此時大腦會傳遞訊息告訴身體「失衡落下」就要開始了！這個過程很輕易就能完成，耗費的力氣也最少。為了從「關鍵跑姿」啟動失衡的動作，你要做的是在保持側邊身體平衡時盡量放鬆肌肉，然後，讓它自然向前落下。

　　在跑步過程中落下的第二個要素在於：騰空腳跟身體一起向前落下之後，要把支撐腳拉到空中，離開支撐，準備換腳支撐，但要盡量減低身體上下震動的幅度，腳掌拉起的力道與高度，都只要足夠讓它跟著身體一起向前移動就可以了！

　　最後這個拉起腳掌的動作，並非只用自身的肌肉來完成，當你能善用肌肉與肌腱的彈性，拉起的動作會變得更為輕鬆。當你跑對了，你會感覺到自己的腳掌只是在臀部下反覆地進行直上直下的動作。雖然實際上，腳掌是隨著不斷向前移動的身體在擺盪，但跑姿正確且及時拉起的動作，會讓你覺得腳掌都在臀部下方。當你跑得愈快，從支撐點拉起腳掌的高度也會愈高，這是為了發揮科氏力效應（coriolis effect），使騰空腿被動地加快擺盪（更快回到臀部下方），而拉起的動作大都是由腿後肌群所完成。沒錯，從解剖學和生理學的角度來看這個動作，主要的收縮肌群在後大腿，但運動員下令的對象不是腿後肌群，而是拉起腳掌的動作。肌肉發力來執行拉起和屈膝的動作，這是自然演化的發展過程，你不需要主動命令肌肉收縮用力，你只需專注在動作本身，使肌肉的收縮成為下意識的自發過程。

第 12 章
自由落體的概念

　　基本上，大腦會同時下達三個指令讓身體啟動自由落下的程序：
(1)允許身體向前落下（向前倒）；(2)使身體從支撐的平衡狀態移
開，接著(3)把腳從支撐點移開。在跑步的動態過程中，前兩個指令
是在潛意識的狀態下完成，而第三點「移開或拉起腳掌」是比較需要
意識去主動執行的動作，需要你反覆的練習，使拉起變成自動的反射
動作為止。跑步動作的整個循環就由這三個指令所啟動與整合。

　　簡單來講，跑步的力學原理就跟物體繞著支撐點「向前落下」一
樣基本。

注：

1. Keele, K.D., 1983, Leonardo da Vinci's Elements of the Science of Man, New York, Academic
   Press, pp.173-175.

第13章
姿勢的輪替

每件事應該盡可能的單純，但不能太簡化。

——「相對論」的發明者愛因斯坦（Albert Einstein）

本章我們將把所有的理論整合起來，你就會發現「姿勢跑法」事實上是多麼簡單。一想到跑步，你腦中會浮現出什麼？是像耐力、衝刺、疼痛與痛苦這樣的字眼嗎？或者你聯想到的是把腿向前伸，手臂猛烈擺動，呼吸短促費力，全身汗水淋漓的畫面呢？

這裡為你呈現一幅全新的跑步圖像。跑步只是把支撐點從一條腿轉換到另一條腿而已，就這麼簡單。有一瞬間，你的一條腿以「關鍵跑姿」支撐在地面上，下一刻的支撐點已經轉換到另一條腿上。所以你唯一的目標就是盡可能加快「關鍵跑姿」在兩條腿之間轉換的速度。跑步的其他動作就在兩次「關鍵跑姿」之間發生。

從這點來想，我們周遭看到的任何動作都可以簡單定義為「轉換支撐」。車子依靠四個輪子不斷變換支撐點才能向前行駛。蛇是利用不斷轉換支撐點的位置才能以驚人的速度蜿蜒而行。即使是天上的鳥或海裡面的魚，都是利用各自所處環境的介質做為支撐，[1]轉換支撐身體重量的位置來前進（【圖13.1】）。

移動就是不斷轉換支撐點的過程

【圖13.1】移動就是不斷轉換支撐點的過程。

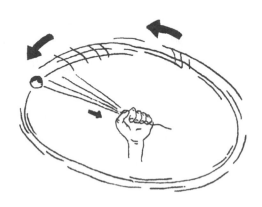

【圖13.2】快速旋轉中的物體是支撐點轉換的最好例子。

決定身體移動快慢的關鍵因素完全在於你轉換支撐點的速度
（【圖13.2】）與效率（【圖13.3】）。有趣的是，想要完美地轉換支
撐，得看「身體想往下落的意願」。關於這點，我們得好好想一下：
我們的身體處於平衡、力道集中、隨時蓄勢待發的狀態，當平衡一被
破壞，身體就會開始動起來，移動是因為重力使身體失衡向前落下。
接著，要讓身體避免碰擊地面就得將支撐點從一隻腳轉換到另一隻
腳。支撐點轉換與平衡狀態回復的速度會決定你身體移動得快慢。愈
快改變支撐點就跑得愈快。或者從另一個角度來說，當腳掌停留在地
面的時間愈久，身體移動得就愈慢。

現在讓我們開始把上述的理論轉化成人類的跑步動作。要記得一
切都是從最基本的「關鍵跑姿」開始；跑者處於S形站姿時，身體會

【圖13.3】轉換支撐點的不同方式。

處於完美平衡、緊密連結與載滿能量的狀態。真正開始向前跑步始於「落下」與從地面「拉起」支撐腳的動作。拉起的動作必須在骨盆正下方進行（【圖 13.4】）。「從地面拉起腳掌」是跑步技術三元素中最後一個動作，它主要由腿後肌群執行，如此你才能讓腳掌脫離支撐。然而，腳掌上的體重是同時透過落下以及肩膀和手臂向上失重（聳肩與擺臂）來卸除的。向前落下（身體繞著支撐腳向前轉動）的動作啟動了騰空與促發後大腿去執行臀部下方的上拉動作。再強調一次，正如同我們在第12章提到的，你下令執行的對象是從地面拉起腳掌的動作，而非腿後肌群，肌肉發力只是

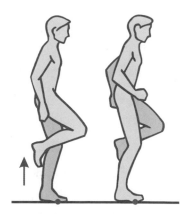

【圖13.4】轉換支撐點時，只要去想「把支撐腳從地面拉起」。

第13章
姿勢的輪替

為了滿足執行動作的需求。專心在拉起的動作本身，不用在意是哪一塊肌肉用力。

跑步時我們只要想著「從地面拉起腳掌」這個簡單的動作就好，根本別去想接下來要做什麼，落下與落地是地心引力的工作，腳掌回到臀部下方則是科氏力的工作，絕不要刻意為之，讓你的腿被動去完成回到「關鍵跑姿」的動作。

在「關鍵跑姿」時，身體剛好處在腿部肌肉滿載最大彈性能的時刻，此時絕對不要刻意伸直膝蓋。我們不用特別去考慮「伸直」膝關節有兩個理由。第一，我們必須盡量降低身體重心的波動。換句話說，我們不想有太大的上下振幅，使軀幹、手臂、肩膀和頭部升高所耗掉的能量相當大。任何伸直腿部的想法，都會下意識地加大跑步的垂直振幅。第二，我們不能想著主動用腿去推動身體前進。好玩吧！不過或許你就是那個以為「跑步是要腿部用力推動身體前進」的人。我再強調一次，當你下意識藉由伸腿蹬地來推動身體前進時，一定會浪費多餘的體力。

我們所要做的只是從身體正下方把腳掌拉起來就可以了。就身體部位來說，身體上半部的動作應該盡量減少，要移動的只有身體下半部的腳，軀幹應盡可能保持平穩。

讓我們回到車子的比喻。車身一路完全平穩地往前進，除非有隆起物，否則它是不會上下振盪的。所有推進力都在車身下發生，其實就是持續轉動的輪子讓車身不斷往前移動。

3

　　現在，試著想像你的軀幹是車身，動作發生在你的骨盆以下，而軀幹本身在前進中是不動的。要充分體會到這點需要轉換心態。

　　大部分的跑者想要確認自己是否有進步首先是用馬表。先在操場或跑道上選定一個距離，然後看自己跑完這段路會花多少時間。時間變短，就是進步了。

　　但這種測定方式的結果只是顯示你已經能跑得多「快」，卻沒辦法說明你已經跑得多「好」。你的參考標準是拿之前在相同路線或距離跑出來的成績和現在相比。不管是用配速還是時間來判斷自己的進步，心態都是放在測量努力的「結果」，而不是努力的「過程」。

　　為了重新建立心態，你必須在跑步時把注意力放在下半身。別管馬表上的時間，只要去感覺你的軀幹以完全穩定的方式前進即可。軀幹本身不用做任何事，但底下的雙腳交替的速率愈來愈快時，你就會感覺到軀幹在加速。身體兩個部位的感覺完全不一樣，這就是你在加速時尋找的感覺：身體軀幹透過重力不斷加速，而雙腿部位只是加快轉換支撐的速率。

　　如果覺得這聽起來有點「禪意」，沒關係。總之，如果你想發揮身為跑者的最大潛能，就必須盡量不浪費力氣與能量。「姿勢跑法」要求的是：只做能讓身體往前進的事，以全然的專注，將小幅度的動作完美無缺地整合起來，然後迅速重複下列這些動作：身體開始向前落下，支撐腳離地後，把腳掌從地面上直接朝骨盆向上拉起，接著讓另一隻腳掌輕巧地落在地面上，在此循環交替的過程中上半身始終保

第13章
姿勢的輪替

持直立。當你向前落下的角度愈大，轉換支撐與回到「關鍵跑姿」的
速度自然也會愈快。速度就是這樣來的，就是那麼簡單！

譯注：

1.陸地上生物的支撐介質為地面、鳥的支撐介質為空氣、魚的支撐介質為水。

第14章
輪子滾動的概念

簡單，是複雜的最高境界。
——義大利博學家李奧納多·達文西

輪子滾動會帶動自行車和汽車沿路前進，那麼跑者呢？前面幾章我們曾經做過類似的比喻，滾動的輪子應該可以拿來做為跑步生物力學要素的理想代表，這一點你可能也不會太訝異。在第13章，我們比較了人的軀幹和汽車的車身，但我們沒有談論關於車底下輪子的事。現在就從這裡開始。

輪子可算是現實生活中極優的前進工具之一。雖然看起來簡單，但其實輪子是一項複雜的裝置，它有三種力學特性對於人類的移動深具意義（【圖14.1】）。第一，輪子在力學上很有效率，它能以最小的垂直振動往前進。這點我們在前一章〈姿勢的輪替〉中提過，車子在前進狀態時，車身總是能保持平穩。

第二個重要的特性是，輪身也就是「總質心」（general center of mass, GCM）和輪子支撐點之間的關係。在輪子滾轉的過程中，支撐點和輪身之間的距離永遠不變；同樣地，兩者的相對位置也永遠固定。

最後一個關鍵特性是，不管前進的速度如何，支撐點總是持續在改變，更進一步地說，輪身

總質心永遠在支撐點上方

總質心的高度固定

支撐點持續轉換

【圖14.1】三種力學特性讓輪子能夠高效率移動。

滾動的速率與支撐點的轉換速率會成正比。

　　為了讓大家對於這三個力學特性有清楚的圖像，我們把車子的比喻簡化一下，來看騎獨輪車的例子好了（【圖14.2】）。「車身」的部分所指的是車架、車座，以及坐在上方的騎乘者，下方則是完美的移動工具——輪子。在它滾動的過程中只會有一個點與地面接觸，那就是支撐點，它剛好承受車身的所有重量。

　　回想剛剛提到的第一個力學特點：獨輪車一路往前時，輪子會滾動並不斷轉換支撐點，但不會有上下垂直的振盪。騎乘者的頭完全維持在同一個水平位置。為什麼這點如此重要？

　　在一九八一年紐約馬拉松（New York City Marathon）大賽中有一段特別的轉播畫面。運動生理學家提姆・諾克斯在《跑步的學問》（*The Lore of Running*）一書中也提到這段轉播，其中有段關於當時世界最強的馬拉松跑者艾爾伯托・薩拉扎爾（Alberto Salazar）通過昆士堡橋（Queensborough Bridge）的畫面描述。畫面中攝影機的角度剛好只讓薩拉扎爾的頭

【圖14.2】獨輪車手只要身體朝想去的地方傾，獨輪車就會移動了。

3

和肩膀露出橋邊的牆面，而且很明顯看到他的頭始終與牆頂呈平行，也就是他的步伐中完全不會出現垂直的振動，因此不會浪費能量使身體向上移動。此種猶如滑行的「薩拉扎爾滑步」（salazar shuffle），正是高效率跑姿的具體展現。

再回到獨輪車的討論，我們會注意到當輪子向前滾動時，騎乘者和輪胎支撐點的距離及空間關係並不會改變。支撐點始終在車座、車架和騎乘者的正下方，這種關係是維持水平前進的最有效方式，可以盡量降低任何可能的剎車效應（braking effects）。

讓我們再做進一步的聯想。我們來看看騎乘者踩踏獨輪車時的雙腳。每次一腳的腳踏板到最低點時，腳的位置在哪裡呢？它剛好就落在軀幹的正下方，而且腿部微彎曲。現在把畫面中的獨輪車給抽掉，你看到了什麼？一名處於「關鍵跑姿」的跑者，兩腿彎曲、支撐點在蹠球部，而且挺直的身體在支撐點上方。著地時，全身的重量直接落在腿部的支撐點上，腿部彎曲是為了盡量降低衝擊，大幅減少肌肉、韌帶與關節的負擔，進而減少受傷的風險。

現在，再把騎乘者放回獨輪車上，我們來討論輪子的最後一個特點：「輪身滾動的速率與支撐點的轉換速率成正比。」簡單地說，輪子與地面間接觸的支撐點轉換愈快，騎乘者和車子向前移動的速度也愈快。從這一點我們可以學到：當一位跑者的步頻愈快，也就是說他從一隻腳到另一隻腳之間的支撐點轉換速度愈快，就會跑得更快。步伐的頻率，才是向前快跑的關鍵，而非步伐的長度。

第 14 章
輪子滾動的概念

　　當然，人無法像輪子那樣一點接一點無間隙地持續轉換支撐點，因為人只有兩隻腳，無法有輪子這麼完美的力學效率。然而，我們可以盡量去掌握那種不受干擾的支撐點轉換概念。支撐點轉換愈快，我們的雙腿跑起來就愈像輪子一樣，以滾動的方式帶動身體往前進。

　　實際的研究報告已經證實，在各種距離的跑步項目中菁英跑者比一般運動員擁有更快的步頻。一九七七年，備受尊敬的美國教練傑克・丹尼爾（Jack Daniels）在《丹尼爾博士跑步方程式》（*Daniels' Running Formula*）一書中提到，經過數年的觀察發現，菁英跑者的步頻很少低於每分鐘一百八十下。他也把高步頻列入好的技術原則之一。

　　從這個算是第一個注意到菁英跑者步頻高的研究來看，完美且高效率跑法的關鍵點就顯而易見了。不良的跑法根本不可能維持如此快的步頻。比賽的實況報導員很常用一句話來形容比賽最後階段選手開始落後的模樣：「那看起來好像輪子快要脫落一樣。」這真是再貼切不過的比喻。看過這樣的跑者，你就會了解這句話是什麼意思。他們的動作和效率都不見了，只是掙扎著向終點跑去，不再是一名為爭取勝利而跑的人。

　　輪子滾動的概念真的非常簡單：試著像輪子一樣有效率地移動，盡量降低垂直振動、著地的支撐點剛好落在身體下方，並維持高步頻。「姿勢跑法」的設計正可以達成這三個目標。

第15章
身體的彈性

快快躍入這萬象光輝；讓大自然當你的導師。
——英國詩人威廉‧華滋華斯（William Wordsworth）

前面舉了汽車、獨輪車為例，接下來我們要揭示跑步動作中的哪一項特性呢？我們是否能從動物（包括人類本身）潛在的生理構造揭露某些跑步的共同特性呢？事實上，我在研究狗、貓和其他動物的跑步方式時，又從自然界找到了某種完美跑法的模型。「姿勢跑法」的S彈性站勢，就是仿照這些跑得快又遠的動物後腿而來的（【圖15.1】）。你可以去找不同動物快跑的照片來看，你會發現牠們後腿的關節全部都是彎曲的，沒有一種動物在跑步時會完全伸直後腿。自然界所有會跑步的動物都有這個特性。因此值得我們更進一步研究。

S彈性站勢的首要好處，是可以幫助身體維持在最大彈性，彈性是肌肉的能力之一，尤其指肌肉迅速伸長與收縮的能力。S彈性站勢是大自然的跑步傑作，它能讓所有的結締組織包括：肌肉、肌腱及韌帶和筋膜保持彈性狀態（【圖15.2】）。沒有繃到極限的結締組織才能保持彈性與運作效率。你可以拿自己家裡的狗或貓來做試驗。首先，試著完全拉直牠們的一隻後腿，你會發現這根本做不到，因為牠們的後腳天生就被設計成保持彎曲，以維持身體在最佳的平衡狀態。接著，用你的指尖去按壓牠們的大腿肌肉，你可能預期會摸到很硬的肌肉，而且牠們會因為疼痛發出吼聲。但事實卻並非如此，你只會接收到牠們冷冷瞪你的眼光，而且牠們的肌肉組織摸起來很柔軟，就算你用力壓到接近骨頭，牠們也不會有任何的不舒服。

那真的很有趣！生活中各種資訊讓我們以為肌肉愈結實愈能展現力量，但事實上剛好相反。富有彈性的柔軟肌肉才能有效率地從事各

第15章
身體的彈性

【圖15.1】動物的後腿呈S形。

種運動。反而，像石頭般硬實的肌肉裡，其實存在著像疤一樣的帶狀組織，所以太過僵硬反而無法有效率地活動。這也正好解釋按摩與伸展在訓練過程中的重要性。盡量讓你的肌肉保持柔軟，就能避免受傷，也將成為你跑得更好的決定性因素。

　　如果那些被你捏捏抓抓的小狗小貓還在你身邊的話，我們可以再從牠們身上注意到大自然的傑出設計——牠們沒有腳後跟。狗、貓和其他會跑步的動物，絕不會用腳後跟去碰擊地板，因為牠們根本沒有這個部位。天擇的結果迫使牠們只能用前腳掌跑步。

　　這與「關鍵跑姿」的姿勢一模一樣，先以蹠球部為支撐點著地，腿部的所有關節微彎（尤其是膝關節），腳跟輕微觸地（切忌踮腳跑）。最重要的是，體重最終會完全落在蹠球部上。「關鍵跑姿」完全取法於自然，而且讓所有的結締組織處在準備發揮最佳效率的狀態。

【圖15.2】彈性的功能。

　　跑步時，你必須在雙腳轉換支撐的過程中善用關鍵姿勢，一旦身體處於關鍵姿勢才能發揮身體本身彈性的最大效用，降低能量的消耗。事實上，一份一九六四年的研究報告指出，跑步在力學上的效能之所以提高百分之五十，主要在於身體具備彈性而節省了許多能量。所以愈是僵硬（愈沒有彈性）的肌肉，跑步的效能自然愈差。

　　有彈性的肌肉能使你以較高步頻來跑，卻不會「進入無氧階段」或是太快用光運動的能量單元──ATP，它是我們快跑的主要燃料。富有彈性的身體使你能跑得更快更遠，同時更節省能量。

　　既然知道身體的彈性對跑步有這麼明顯的好處，你也許急著想出門以每分鐘一百八十步的步頻跑跑看。你最好先壓抑這股衝動，別太

第 15 章
身體的彈性

急。想要跑起來靈活有彈性，你首先得熟練「姿勢跑法」。你必須先使你的身體記住「姿勢跑法」的每個細節，讓它習慣成自然。光這部分就很花時間，而且必須全然專注，所以一開始你就最好將全副的心力放在技術上。

但很重要也是第二項要努力的部分就是——鍛鍊力量。力量使你移動得更快與減少腳掌支撐於地面的時間。當你從地面拉起腳掌的速度愈快，跑步速度自然會提高。跑步本來就會強化那些常用肌群的力量與速度。所以當你知道哪些是跑步常用的肌群之後，你也可以加強鍛鍊它們，那絕對能幫助你跑得更好，本書也將在第五部「重新打造屬於跑者的身體和思維」，仔細說明增強跑者力量的各種練習動作。

第16章
高步頻的重要性

頂尖的跑者步頻非常快。
──運動生理學家傑克‧丹尼爾

　　為什麼步頻這麼重要？為什麼我們要這麼留意這項跑步參數？為什麼強調的是頻率，而不是步伐長度？不是跨愈大步跑得愈快嗎？一旦細思跑步時兩腿做了些什麼，很多問題就會一一出籠。慶幸的是，答案照例還是「簡單」。雖然，這種「簡單」有一點複雜。

　　「步頻」不過是跑步時雙腿轉換支撐點的速率而已，它是好的跑步技術的精髓。轉換支撐點時，我們開始自由落下，然後讓重力加速的力量帶動我們前進。支撐點轉換得愈快，重力引力的干擾愈少，我們也就跑得愈快。就是那麼簡單。

　　相對地，一旦我們企圖跨大步向前跑時，速度就會變慢。為什麼呢？這個答案同樣很簡單。為了加大步伐，我們把腿往前跨出，此時著地的前腳，就得停留直到整個身體通過支撐點。所以，跨大步的跑法，轉換支撐點的速度非但不快，反而變得很慢，而且還會受到重力的干擾，降低身體前進的速度。

　　這裡有一個小試驗來證明這個概念。穿好跑步的衣服和鞋子，做好徹底的暖身運動，在外面找一條筆直的道路，終點線定在四十碼（約三十七公尺）外。接著，全力衝刺跑向定好的終點，當你一通過終點就馬上剎車。

　　當你通過終點線開始剎車時，你的步伐實際上會拉長。你會下意識傳達「減速」的指令給身體，此時身體反應到動作上就是「向前跨步」，使你在前進的動力中產生剎車效應。換句話說，身體知道最快的減速方法就是阻止重力帶你前進。在減速時，也會對髖關節與膝

第16章
高步頻的重要性

蓋造成極大的壓力（【圖16.1】），而且事實上，跟保持前進速度所需的能量相比，減速更耗費體力。

　　從這個試驗中我們可以學到很多功課，最重要的簡單概念就是：對抗重力的動作愈少，跑得就愈快。這個概念的根本在於，腳掌落地的位置愈靠近臀部下方，對抗重力的動作就愈少；更棒的是，我們施加在關節、韌帶和肌腱的負擔就愈少，受傷的風險跟著降低。

　　不論我們跑得快或慢，藉由肌肉的柔軟度仍然有助於降低衝擊緊張，著地動作也會輕盈，而不是用加大的步伐重踩地面。

　　因重力而來的加速度是一個「常數」，但我們運用重力的能力是一個「函數」，而

【圖16.1】膝蓋負荷過多。

且它的重點在於我們身體向前落下的角度和步頻。簡單來說：如果身體往前傾，但你的腳卻來不及換腳支撐，下場就是臉部朝下跌個狗吃屎。但當身體前傾向前落下的角度不大，使你的步頻跟得上落下的速度就可以避免跌倒。這時你還是會透過前傾與落下來前進，但不會跌倒。當身體前傾的幅度愈大，步頻就要愈快以避免跌倒。

　　步頻和身體的落下角度之間存在共生的關係。當你向前落下的角

度愈大，支撐點自然轉換愈快（步頻愈高），你也自然跑得更快。所以，我們在加速時不該主動增加步頻，而是先增加前傾的落下角度，使步頻自己跟上。

不相信嗎？你只要注意看高水準的跑步賽事，就算是外行人，還是可以很明顯區分出菁英跑者與差強人意跑者之間的差別，其實就是在於姿勢的穩定度與步頻。

要謹記在心的是：高步頻不需要肌肉使很大的力氣。相反地，你應該盡量在跑步過程中避免肌肉過度緊繃與刻意使力。專注運用肌肉的彈性，使腳掌輕鬆離地即可，落下過程中唯一要費的力氣，是使身體維持在「關鍵跑姿」的姿勢，不要蹬地，也不要晃動，這樣你很快就會發現自己跑得更快更遠到你無法想像的地步。

【圖16.2】以高步頻跑步。

第17章
別只是跑，還要無為而跑

萬事萬物，達到極致完美的境界，
並非在無法多增添任何東西的時候，
而是在無法再減去任何東西的時候。
——《小王子》作者安東尼・聖修伯里（Antoine de Saint-Exupéry）

到目前為止，我們已經討論很多關於「關鍵跑姿」以及最佳效率的跑步方法。坦白說，其中真的有很多需要注意的地方，包括：膝關節必須保持彎曲、身體持續向前落下、以蹠球部支撐體重、及時拉起腳掌、軀幹保持穩定不晃動等等。

要學「姿勢跑法」，有那麼多事必須做到，或許接下來要告訴你的事會讓你欣慰一點：除了該做的事，還有很多事是你不需要做的。對成功而言，不要做錯的事和去做對的事一樣重要。「不要做」感覺很舒服吧？但不一定輕鬆。

「無為」（do nothing）的概念，是我在一九九六年帶隊訓練中所獲得的啟發。那一年六月，我在佛羅里達州的甘城（Gainesville）帶領美國青少年鐵人三項訓練營。當我和一群年輕的鐵人三項運動員一起從事訓練時，司圖爾特・紐拜・傅雷瑟（Stuart Newby Fraser）——曾經拿下夏威夷鐵人三項世界錦標賽七次冠軍寶拉・紐拜・傅雷瑟（Paula Newby Fraser）的弟弟，在一旁觀看我們的訓練課程。課程結束後，司圖爾特表示他對「姿勢跑法」很有興趣，也想要學。

開始上課後，司圖爾特的挫折感愈來愈明顯。不管他怎麼做，我總是糾正他：「不要這樣做，不要那樣做。」似乎不管我對他說什麼，第一個字總是「不要」。最後司圖爾特被激怒了，他停下所有的動作，看著我說：「尼克，你現在是叫我什麼都不做的意思嗎？」

當我停止大笑後，我只說：「對，什麼都不做。」現在回想起

来，我非常感謝他那天帶給我這個啟發——「什麼都不做」。「無為」正是「姿勢跑法」中很重要的原則。

大部分的跑者、鐵人三項選手或其他充滿熱情的運動員，都是非常積極主動的人，我們統稱他們是「Ａ」型人格。這一型的人屬於行動派，總是相信他們還可以做更多讓自己進步。可是，對於學習「姿勢跑法」這件事來說，你還可以做更多的就是：無為。當然，它沒有你想像得那麼簡單。

有些人會認為，要有最好的表現得按照預定計畫竭盡心力訓練，所以很難理解到只有刪除無關的枝節，才有辦法達到最好的表現。想跑得更好，就必須先把無法幫助身體前進的多餘動作減到最少。

「姿勢跑法」的關鍵就是讓事情順其自然，別刻意讓它們發生。記住，重力絕對比人類自己產生的力量還要大，所以我們必須學著別抵擋它，並讓重力推著我們前進，這樣在做簡單的抬腳離地動作時，才能盡量保存自己的能量。

所以，為了「無為」，以下有一些「不要做」的原則。

或許「不要」原則中最難搞定的就是：不要把你拉起的腳掌主動往下踩向地面（【圖17.1.a】）。只要順著地心引力讓腳被動回到地面就好。意思就是當你下令從地面拉起腳掌的動作之後（這個動作的主要作用肌群是腿後肌群），你必須完全放鬆腿部肌肉，「讓」腳自然且輕柔地回到地面上。此時你的另一條腿正在支撐著身體的重量，且同時把它往前送，因此當你的腳輕柔地回到地面時，則剛好會在身體

第 17 章
別只是跑，還要無為而跑

的正下方，與你的軀幹、脖子與頭
成一直線。

　　相反地，如果你刻意去做下
踩的動作，將有一大堆問題會產
生，而且全都是麻煩的問題。首
先，流暢的節奏會被破壞，完全打
亂你的步伐。而且你的腳會落在身
體前方，所以當身體通過支撐點上
方時，支撐腳必須吸收體重所帶來
的衝擊力；除此之外，還要加上你
往下踩的衝擊，一次又一次，你的

【圖17.1】「不要做」的原則：
a. 不要刻意做下踩動作。
b. 膝蓋不要抬高與往前。
c. 不要伸直後腿想將身體蹬離地面。

受傷風險也跟著提高。最後，下踩的動作無非是虛耗能量，而這個能
量應該拿來用在「重新抬腳」這個更重要的跑步動作上。

　　要讓腳「自然落下」需要全力投入，做到了才能掌握「姿勢跑
法」的關鍵。

　　接著，與上述同等重要的原則是：膝蓋與髖關節不要抬高或往前
（【圖17.1.b】）。這動作同樣非常耗能量。人的大腿很重，每分鐘一
百八十步的步頻要抬大腿會非常吃力，而且完全不利於身體前進。

　　記住，在跑步過程中你唯一要做的是拉起支撐腳到臀部正下方，
這件工作主要是由腿後肌群負責，但腿後肌群只是為了執行拉起的指
令而自動（或下意識）地完成收縮的工作。拉起來時，如果你還抬

3

膝、抬高大腿或把腿往前送，就會耗掉多餘的能量。再者，如果把腿的任何一部分主動往前送，表示必須花時間等身體其他部位趕上前伸的腿。這是在浪費時間，所以絕對不要這麼做。

同樣地，伸直膝關節（腿打直）也會打亂你的跑步技術，因此：絕對不要把腿伸直（【圖 17.1.c】）。首先，這會促使小腿朝身體的前方落下，這時小腿已經面臨衝擊了，如果又加上快速奔跑下必須吸收所有的身體重量，小腿要承受的衝擊會更大。最糟糕的是，因為著地時腿是打直的，所以沒有任何緩衝。這種衝擊下的痛令人想都不敢想。你有過小腿疼痛的經歷嗎？沒有經驗嗎？只要伸直腿跑，包準你能體會到這甜美的痛楚……還有幾個禮拜得一跛一跛走路的滋味。

如果你覺得小腿痛還不夠糟，那麼另一個因為伸直腿所造成的問題更糟，那就是「跑得比較慢」。你想想：腿伸直，然後加速向前跑……聽起來很熟悉嗎？沒錯，這時候你的腿必然在身體前方，情況就會像我們已經談過好幾次的等待遊戲一樣，此時你不可能立即拉起腳掌，因為此時體重壓在上面，它必須等身體通過之後才能拉起。腳掌停留在地面的時間愈久，剎車效應的力量就會愈大，前進的速度就會愈慢。讓我們再重複一次：不要伸直你的腿。

不要刻意擺動手臂讓身體前進（【圖 17.2】）。你又不是抱著橄欖球一路得甩開其他攔劫球員衝向達陣區，你只是想要一路流暢地向前跑，手臂的主要功能不是用來驅動身體前進，而是提供平衡，使重力能均衡地引你向前。當你專心在拉的動作時，輕鬆、自然與富有節

第17章
別只是跑，還要無為而跑

【圖17.2】不要刻意擺動手臂讓身體前進。

奏的感覺會傳至手臂，手臂只是用來配合步伐，讓身體平衡而已。所以別把力氣花在手臂上，讓你的手臂與手掌保持放鬆，把存下來的力氣花在支撐體重與拉起後腳上。

　　用「無為」的概念來跑步也許沒有聽起來那麼輕鬆，但是比起要面對跑步速度變慢或造成不必要的傷害，做這件事肯定比較輕鬆。有時候，做對一件事最重要的環節就是「不要做錯的事」，這個道理正適合放在跑步上。當你一直做錯的事，最後會害死你。「無為」強調的是，只在必要的事情上全心投注，然後讓其他的一切隨順其緣，這個概念會帶你跑得更遠而且更快。

第18章
跑步要抓對時機

萬事萬物皆有定時。
——古諺語

　　跑步到底是什麼？

　　也許提出這樣的問題有點奇怪，尤其是在我們已經談了這麼多跑步相關技術之後，但我相信你現在對於跑步的看法，已經跟你在看第一頁時完全不同！所以，讓我們繼續往前，試著更精確地定義這項人類最基本且依舊令許多人深深著迷的運動。

　　基本上，跑步是利用肌肉的收縮力與地心引力使一件「貨物」向前移動的動作。當然，這件「貨物」指的是你的身體，也就是你必須終生運送的「貨物」。從這件事實來看，不管你到哪裡，或者活多久，都得一直跟著這個「貨物」在空間與時間中移動。

　　現在，經由跑步，你試圖在預定的空間和盡可能最短的時間來移動這個「貨物」。跑步猶如人生，時機就是一切。

　　在你的人生中，曾有多少次想過：「我要是能早個十年出生就好了！」有多少次你覺得自己還沒準備好就要面對會議或是重大的任務？你是否曾因為太早結婚而有過不美滿的婚姻？或者，你曾錯失一筆大案子，只因為交通打結讓你開會遲到？

　　時機不對的下場可能是大災難，或者是容易被忘掉的小麻煩。不管什麼狀況，只要你能控制時機就能擁有優勢。對於跑步也是如此。

　　但在這裡，我所謂的「時機」（timing）並不是指在指定距離內計算你跑了多少時間，而是指你的身體在時間與空間中「移動的時間點」。我們已經討論過各種關於「姿勢跑法」的重要元素，包括：S彈性站勢、永遠保持彎曲的關節、蹠球部先著地，以及減少不必要動

第 18 章
跑步要抓對時機

作所帶來的能量消耗等等。現在，是時候來討論「時機」的問題了。

　　就如我們討論過的，跑步不只是把身體從一個地方移動到另一個地方而已，我們也可以把跑步看成一連串有效率且快速轉換支撐的反覆動作。最高水準的跑法是盡可能完美與快速地重複這些姿勢。最重要的是，這些姿勢必須精準地配合，身體的各部分必須同步到位。

　　你可以想像有一部攝影機在跑步時一直跟著你，你的頭頂剛好在鏡頭的最頂端，腳掌落地點剛好在鏡頭的最下端。當你在支撐期時，身體的每一個部位都必須留在鏡頭的框框內。

　　攝影機每秒可以記錄二十四格畫面，所以當你一格一格播放時，就可以很清楚地檢視你的跑步動作。因為影像不可能說謊，它能拿來當做技術表現評估的工具。首先要知道的是，在支撐期時有某部分的身體超出鏡頭的畫面，就代表你在某些地方出錯了。

　　舉例來說，如果你的「擺盪腿」（騰空腿）在另一隻腳落地時超過了鏡頭框框的後側，那表示你在空中時沒有主動回到「關鍵跑姿」，後腳應該要一離地就立即往臀部下方的位置移動。如果前腳落地後，後腳仍在框框之外，那就好比你拖著一條腿在跑步（【圖 18.1】），你必須等到後腳來到支撐腳的上方之後才能向前移動，等待的結果就是浪費時間與體力。當你帶著「腿尾巴」上場比賽時，你就需要使用其他肌肉去把它拉回來往前送，因此就耗費了額外的能量與加速疲勞。諷刺的是，這使你跑得更賣力，但也跑得更慢。因為你的腳掌停留在地面的時間太長，變累是因為你浪費體力去做多餘的動

作。這就是時機掌握不良造成的結果。

相反地，如果「擺盪腿」超出了鏡頭框框的前側，那你必定做出了向前跨或向下踩的動作（【圖18.2】）。在向前落下時做這兩件事是不對的，它會造成很不理想的結果。首先，腳掌落在身體前方將造成剎車效應，而且你必須等到身體通過支撐腳上方後才能離地，在等待期間，前進的動作也會停滯。更糟糕的是，當腳落在身體前方時，腿部就必須吸收全身體重所造成的衝擊力，這會大幅增加受傷的風險。

【圖18.1】支撐腳停留在地面上的時間過長。

【圖18.2】擺盪腿超出鏡頭框框的前側：
腿往前伸得太過頭會嚴重阻礙身體移動
的流暢度。

4

把概念化為行動

第19章
將「姿勢跑法」的概念帶入跑步模式中

我從未見過野澤，我從未見過海洋，
但我知道石南花的樣子，也知道海浪是什麼。
——美國詩人愛蜜莉・狄金森（Emily Dickinson）

儘管基礎非常簡單，但「姿勢跑法」有時候似乎讓人頗感壓迫。你可能會這麼跟自己說：「過去我只要走出門然後跑就好了，但現在我必須擔心自己有沒有掌握好時機，是不是利用重力向前落下，是不是跑得像滾動的輪子一樣，而且還要顧到『無為』原則。」

是的，在追求完美「姿勢跑法」的過程中的確牽涉到許多概念與科學，但其實關鍵是：他們全都在說同一件事。本書所提到的每一個概念，都只是為了幫助你先在腦子裡建立起「姿勢跑法」的正確觀念。如果你能了解一件事的運作原理，你會更願意投入學習的行列。

現在，我們已經開始要把「姿勢跑法」的理論移到實際操作的階段了。第一步要做的是去體會「姿勢跑法」裡每一個細節中特定的肢體感受。

先拿失重狀態的感覺來說好了。自從人類進入太空之後，大部分的人都能理解失重狀態是什麼，但很少人有過類似的經驗，除了坐雲霄飛車到最頂端，或者在特技飛機上才會有短暫的失重體驗，但比起真正到外太空體驗過失重狀態的太空人來說，我們體驗到的失重感差得遠了。

同理，我們現在相信自己已經了解「姿勢跑法」感覺起來像什麼樣子，但很可能腦袋繞著這些概念出門跑步時，我們的腳還是像以前一樣重踩地面。你會自問：「是這樣嗎？這就是『姿勢跑法』嗎？」

當然，這不會是「姿勢跑法」。所以，能夠掌握「姿勢跑法」的理論概念，會引領你從現階段的表現邁到下一步，但要能夠輕鬆流暢

4

地運用「姿勢跑法」跑步，才能引領你達到自己想要的表現，而這段路同樣很漫長，而且要付出很大的努力。

一開始身體對「姿勢跑法」有感覺時，就像你在雲霄飛車上嚐到失重感一樣，你必須抓住這份感覺，然後在真正感受到你的跑法已經和以前不同的瞬間，經歷到「就是這種感覺！」的感受。而且當你掌握到借助重力跑步的感覺之後，調整跑步方式的過程對你會愈來愈容易。

當然，這並不是偶然的歷程。本書接下來的兩部將著重把理論概念轉化成實際的肢體練習動作。透過一次又一次的練習，將幫助肌肉組織學習把重力轉化為水平的推進力。另外，你也能體會到類似失重狀態的感覺，只要正確導入動作，你會跑得比以往更快、更輕盈。

實際練習時，你必須謹記在心的是：這些練習設計都是用來強化身體的感覺。最後你會逐漸發現之前所說的概念全都會整合在一起。腳掌著地的時間如果不縮短，你就無法增加身體向前落下的角度，進而提升跑步的速度。如果你的步頻跟不上向前跑的速度，你的動作就無法掌握關鍵姿勢的時機，這會使你的跑步技術走樣。

這就是為什麼在剛開始學習「姿勢跑法」時，我要特別強調技術而不重視里程數的原因。在起步階段最要緊的是使你的新動作能既正確又精準。你一發現自己的動作走樣了，就得停下來休息一下，整理思緒再試一次。在無法掌握正確的技術動作之前，最該避免的就是讓罪惡感驅使你又去增加跑步的里程數。

有自信掌握「姿勢跑法」的所有元素之後，下一個階段的訓練

是要強化鍛鍊「關鍵跑
姿」會用到的肌群，讓
肌群能歷經更長距離的
考驗。這些特別的訓練
過程會強化肌肉的彈
性，以及使支撐落地衝
擊與轉換支撐的肌群變
得更有力，並鍛鍊身體能在動作不走樣的情況下跑得又快又遠。

　　我想再強調一次，透過整個過程，你會一再學到相同的概念，並
將這些概念整合至一套動作系統中，它會運用更多的免費重力帶你往
前跑。為了使你的跑步動作與「姿勢跑法」的概念產生深度的連結，
在做完每項技術訓練之後，你一定要跑十五到二十步。交替的技術訓
練動作和實際去跑會帶給你立即的回饋，你的肢體會明顯感受到我們
先前所討論的各種概念。

　　在改動作的過程中你會很想跳過技術訓練動作，只想盡情向前奔
跑。這種想法雖然很誘人，但這就像你還沒學會如何操控方向盤、剎
車與踩油門就打算出去飆車一樣。幫自己一個忙，在帶你的身體出去
狂飆之前，先確實體會到「姿勢跑法」的感覺。學習這些技術訓練動
作，然後讓重力送你前進。

第20章
精通跑步技術

練習和思考或許會逐漸將很多事鍛造成藝術。
——古羅馬詩人維吉爾（Virgil）

對大部分人來說，學習跑步很難跟變成一位古典鋼琴家或芭蕾舞者這類深奧的技藝相提並論。跑步似乎只能算是人類基本的體能活動，不像鋼琴和舞蹈是比較複雜的藝術行為。的確，大部分都會認為「跑步」是我們所「從事」的行為，跳舞和鋼琴演奏則是我們「學習」而來的技藝。

如果你一直把「我們本來就會跑不需要任何特別的指導，」當成事實的話，它就會成為你無法學會正確跑步技術最大的阻礙。畢竟，我們全都是先從爬行開始學起，接著才會走會跑。跑步毫無疑問地比走路要快很多，這樣想的話，就會覺得我們似乎應該會跑步。相較之下，我們很清楚任何人都會敲打鋼琴鍵盤，但不等於會演奏音樂。跳舞也一樣，我們完全能看出舞技精湛和拙劣之別。

跑步似乎是人類天生能力的這種觀念，大大隱蔽了跑步是一種才能或是需要再學習的事實。實際上，跑步的動作也像其他任何運動一樣需要技巧，而且必須經過琢磨、訓練和改良。跑步技術不應該因人而異，它應該只是一連串需要正確完成的動作。就像是演奏古典鋼琴樂或是跳舞一樣，跑步是一個人在身體、生理、心理、情緒、內在精神與心靈特質上的展現。

古希臘人是思想的大師，為我們留下「技術」（technique）一字的源頭。它是從字根「techne」而來，指的是「藝術」或「精通」。因此，當我們討論某項運動的技術時，我們同時也在表達它在肢體表現上的藝術。而且人類的運動表現並非獨立存在的，當人類活動身體

的同時，也帶著從事這項運動時所動用的精神、肉體與心靈元素。

經由生活和學習，我們熟練許多日常生活的動作，而且能不經思索地完成。然而，這些平常能輕鬆完成的動作也可能大受外力的影響。以簽名這種簡單的動作為例，大部分人簽名都會注入個人的風格，而且可以機械式的一次又一次簽出這種風格的名字。但是當我們面對重要的簽名時，像是長期抵押契據或是結婚證書時，緊張的情緒會讓我們的簽名風格走樣。

同樣地，古典鋼琴家可以在排練時演奏得很流暢，但在觀眾面前就變得僵硬不自然；職業籃球員可以在罰球線前連續射進一百球，卻會在冠軍賽關鍵的罰球時刻失去準頭；花式溜冰選手可以在練習中完成騰空轉體四圈的動作，卻在奧運會場上搞砸了。在這些例子中，我們可以很清楚地明瞭想要精通某種動作與技術，可不是只死練肢體動作就好。

不管怎麼努力，動作的技術真的是一道門檻，我們必須融入人類獨有的特質才能跨過。在每一個動作中，我們要連結的不只是身體的能力，還有我們的精神、心理和心靈元素。鋼琴家的手在琴鍵上所創造出來的新曲子，是在他們熟練所有的彈琴技術與自己內心想法後才得以催生的音樂詮釋。

當然，跑步不像音樂有這麼明顯的創作性，但跑步也是人類表達情感的出口，而且同樣需要超脫肢體範圍用心鑽研的技術。就像跳舞一樣，跑步也有一種節奏與美感，它不只是腳踩在地面的動作，當跑

4

步動作完美時還能臻至藝術的境界。

　　因此，當我們談到精通跑步的技術時，我們的目標不只是機械化地重複讓腳自由落下、轉換支撐點，以及掌握跑步時機的概念而已，更重要的是精通跑步表現的所有元素。沒錯，我們是必須先認識「姿勢跑法」的基礎知識，並發展肌力、速度與彈性等生理能力。但同等重要的是，我們必須同時在動作的形成中深化心智上的理解力，增強肌肉在時間與空間中的敏銳度，並在技術訓練中提升心理素質，如此才會有能力達到跑步的最高水準。

第21章
培養跑步的敏銳度

所有知識的源頭都在我們身體的知覺裡。
——義大利博學家李奧納多・達文西

　　活在現代化的社會中，大部分人都必須忍受感官刺激的超載，我這麼說真的一點也不為過。大量的資訊從生活中的各個角落席捲我們的感官，傳遞到大腦，變成一大團渾沌的聒噪聲。如果能夠把心專注在例行事務上已經算是奇蹟，更不用說把心思放在新的事情上了。像學跑步就特別傷腦筋，因為如同我們先前提過的，大部分人都自認為已經知道如何跑了！

　　因此，我們在學習的同時，還必須做「捨棄」的功課，這必須極度留意透過身體發出的每一個關鍵訊息。我們必須開發辨識這些訊號的能力，學會「讀取」訊號，然後利用這些身體反應，建立正確的跑步動作架構。

　　現在我們先再回到前一章，我們曾把學跑步比喻成學古典鋼琴。音樂家彈奏鋼琴時，他們的技巧高低是直接取決於個人聽覺、音調與節拍等等的敏銳度，這些能力必須發展到一定的水準後才能轉化成你的演奏功力。就某種意義來說，鋼琴家是將外在世界阻絕於外，只用音樂形成一個保護罩。

　　身為跑者，我們也必須在動作上發展出同樣高水準的敏銳度。一般來說，跑者在至關重要的感覺尚未完全開發前，對任何感覺會沒系統地照單全收。說穿了，很多跑者專注的目標不過是自己跑得有多快，或是疼痛與受傷的程度，不然就是想一些有的沒的事情。

　　事實上，很少有未經正統訓練的跑者能夠把心思專注在特定肢體動作的感官上。然而，只要你真心認為自己是一位跑者，就必須能夠

4

辨別這些知覺，然後把它們提升到更高的水準。而最重要的兩個知覺就是對於「體重」和「自由落下」的敏感度。不過要開發這兩個知覺，我們必須「調頻」到身體其他的知覺反應，包括：腳掌與地面的接觸、不費力的感覺、縮短支撐的時間，以及一種全然輕盈的感受。

重新回到掌握時機的概念，我們要做的是在跑步時創造一個精神保護罩，同時與肢體動作相呼應。在精神保護罩裡，我們只專注於完美跑步技術的相關感受，阻絕與跑步無關的所有訊息，然後加強對動作的敏銳度。

再從實際練習面來看：一開始學「姿勢跑法」跑步時，你為了多練習，可能一個人自己練，或者找一個很了解「姿勢跑法」的老師陪你練，這兩種方式都很明智。但換成與朋友約跑，就會很容易被拉出保護罩之外，使你在發展敏銳度時失去專注。跟朋友一起，你也許會跑得很愉快，但在團體中更可能會因為聊天或是配合大家的步調，失去磨練技巧所必需的專注力。

當你感受跑步感覺的技巧愈來愈熟練，你就會對關鍵感受愈來愈敏銳，像是肌肉的柔軟度、加快步頻時的輕鬆感，以及整體動作的流暢性。在鍛鍊的過程中最明顯的感受訊號在臀部，你會開始把它當做是一個加速踏板：你會發現加快速度唯一要做的就是從腹腔神經叢（solar plexus）施力向前推，增加你的落下角度，那你自然而然就能跑得更快。如果把你的臀部拉回來，你的行動速度就會自動變慢。

發展跑步的精微敏銳度，你將領會到跑步這個概念是如何從身體

第21章
培養跑步的敏銳度

的動作跨越到精神層面的交流。一位優秀鋼琴家的手（甚至是鋼琴家本身也一樣）可以像擁有自主生命般在琴鍵上流暢地滑過，你也會像這樣，在最後發現自己跑起來像是在路面上流動，此時你已經把所有細微的感受全都融合在一起了，精神也處在極度專注的狀態。達到這種無雜質且純粹的境界時，你才算成為一位真正的跑者。

第22章
學習「關鍵跑姿」

學而不思則罔，思而不學則殆。
——孔子

現在是把思想與理論轉為行動的時候了，但別誤會，我們不是要出門去跑個很快的十公里，而是先站在鏡子前面學習如何跑，而且還不會有前進動作。

就如同我們在前幾章討論的，只有在能量沒有一直耗掉的情況下，身體才會有最大的能量。因此在開始快跑十公里之前，要學會在「關鍵跑姿」中完全自在放鬆。

先脫掉你的鞋子，站在一面可以看到全身的鏡子前面。你的兩條腿都要微彎成S彈性站勢（【圖22.1】）。要確定你所有的關節都是彎曲的，而且肌肉感到輕微的緊繃感。

輕輕地上下跳動，但不要伸直你的膝關節，試著找到你最舒適的膝關節彎曲角度。此時腳掌不要完全離開地面。檢查一下腳掌上的感覺，並確認你的體重是壓在腳掌的蹠球部，而不是在腳趾或腳後跟上（【圖22.2】）。這在整個跑步循環的動作中非常關鍵，你的體重只能落在蹠球部，而且你必須完全掌握這份知覺。

現在雙腿以S形微彎姿勢開始原地向上跳，這時候腿仍然不能打

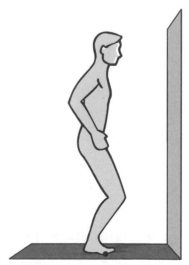

【圖22.1】站在鏡子前的姿勢（雙腳的姿勢一樣）。

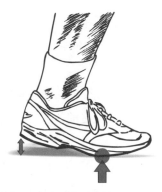

【圖22.2】身體的重量落在蹠球部。

直,而且腳掌稍微離開地面就好。輕柔地重複這個動作。試著去感受身體移動過程中的整體感。感受一下肌肉的彈力,而非伸展關節的力氣。

　　只要有一腳碰觸到地板,就立即輕輕地向上跳。做身體上下反覆跳動時應該盡量以最少的力氣完成,而且過程中不要停頓。這個動作的目的在於:把身體落下的高度位能轉換成肌肉的彈性能。你所有的力氣都只花在姿勢維持上。試著這樣想:當你的體重落在腳掌上的那一瞬間,也正是你開始準備把體重移開腳掌的時刻。

　　最好的視覺圖像範例是一顆彈跳中的球(【圖22.3】)。當一顆球碰觸到地面,球面與地面的接觸點會因壓縮而變平,但我們也知道這壓縮的力道會立即轉換成反向作用力:球會立即向上彈起。同理,在跑步時只要你蹠球部一碰到地面,你唯一要做的事就是馬上把它彈離地面。

　　剛剛是用彈跳中的球為圖像做「看到」的學習,接下來我們以碰觸熱煤炭的感受來做「感覺」的想像。當你在做輕跳動作

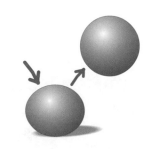

【圖22.3】彈跳中的球。

4

練習時，試著想像每次你的腳著地時都像是落到一堆熱煤屑上面似
的，你的動作將變得更迅速果決。

　　現在你已經有個「關鍵跑姿」的樣子了！把這些動作綜合起來，
我們來練習下面的動作。一腳以蹠球部站在地面上，腳跟略微離開地
面，或略微碰到地面。你的身體現在呈S形，而且腿與軀幹的肌肉感
到略微緊繃。另一條非支撐腿略為離地，而且略彎的幅度比支撐腿還
多一點。

　　保持這樣的姿勢，同時使你的肌肉保持些微的緊繃感。如果你剛
開始覺得很難，可以找牆、椅子或其他夥伴做額外的輔助。一旦開始
適應「關鍵跑姿」，就試著做輕輕彈跳的動作。你必須體會到的感覺
是利用「肌肉的彈性」像彈簧似的上下彈動，而不是肌肉使力做跳
動。你的身體應該感覺像是一個整體的彈簧系統。

　　接著換另一條腿試試看。如果你發現其中一條腿特別難維持「關
鍵跑姿」時不要太驚訝，大部分人一開始都會用慣用腿做支撐點，所
以換成另一條腿當支撐點時會比較難維持平衡，這是很正常的，之後
經由練習會逐漸改善。

　　好了，你現在已經在做「關鍵跑姿」了。感覺如何呢？如果你仍
然會前後搖擺，正努力與平衡奮鬥中的話，請放輕鬆，停止浪費你的
體力。一開始可以先把腳跟壓低，讓腳掌與地面的接觸面積大一點，
然後閉上眼睛，慢慢尋找平衡時放鬆的感覺。現在的你也許還沒準備
好快速跑個十公里，但你已經準備好該怎麼跑了！

第23章
學習自由落下的跑步法

移動，是由於失去平衡所造成的。
——義大利博學家李奧納多‧達文西

　　現在，你已經掌握「關鍵跑姿」，能輕鬆自在地保持平衡，同時內在勢能（potential energy）飽滿，差不多該破壞平衡狀態，開始向前跑了！由於掌握「姿勢跑法」牽涉到許多要素，因此首先必須克服的障礙是我們的原始恐懼，也就是我們會害怕身體往下落。一旦學會將這股恐懼化為對自己有利的條件，你會跑得更好。

　　人天生就有保護身體避免落下的傾向。我們所謂的「平衡」是不管我們正在做什麼，雙腳都有穩住身體避免它跌落地面的能力。為了跑得更好，以下兩種方式我們都必須學：讓身體落下，並且不碰擊到地面。

　　這似乎是非常基本的概念，但我們回想一下前面提到的達文西理論。畢竟，他在大約五百年前還得用觀察才得出這樣的說法：移動，是由於失去平衡所造成的，那些愈能掌握「自由落下」的動物跑得愈快。

　　所以，現在是時候來學習「落下」，並開發對落下力量的感覺了。當我們靜止站立時，我們是用平衡與支撐點去壓制重力的力量，阻止它影響身體。但發揮重力能量的可能性始終存在，我們要做的只是將身體傾向某一方，然後移開我們在地面的支撐腳，看看會發生什麼事。

　　有一個很快的方式可以證明重力的能量有多大：雙腳與肩同寬輕鬆地站著，膝蓋微彎，把身體重量的重心放在蹠球部上，腳跟略微觸地，接著從左側移動開始，先將左腳抬離地面，再讓它往左邊落下

（【圖23.1】），只要讓它自然落下就好，不要刻意往左伸得太遠。落下的同時，將你的右腳從左腳的前方跨過去，讓它在你的左方落下，持續以交叉的腳步向左橫移。你做這個動作的目標是讓重力帶著你向左移動，同時要迅速做到支撐點轉換的動作，以免跌倒。

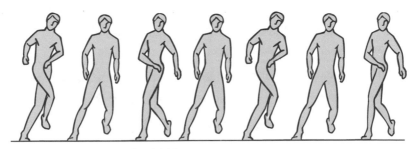

【圖23.1】以小交叉步使身體向左側移。

掌握到這個動作的要點之後，你會發現自己移動得非常快，而且過去認為「跑步」應該做的事根本不必做。首先，因為你是側向移動，自然限制了腳掌接觸到地面的面積，所以在連續的側移中根本不會出現腳跟著地的情況。基於同樣的原因，在側向移動時，你的腳掌和它落下的方向垂直，而非平行，這縮短了支撐腳在地面停留的時間。腳跟與腳掌整個著地的機會沒有了，你的腳拉起的速度變快了，步頻也就跟著提高。

持續做交叉步時，你也會注意到你的腿無法伸直或是用腳蹬地，這時你只能把身體重量的重心放在蹠球部。事實上，唯一讓你不會跌

第 23 章
學習自由落下的跑步法

倒又能加快速度的關鍵，就是把支撐點從一隻腳移動到另一隻腳的轉換速率。

所以，你現在的移動很快了，而且腳跟沒有著地、也不必用腳蹬地，肌肉還不必額外使力。重力幫你做了所有的事，你只是讓身體自由落下，再快速地轉換支撐點而已。你要明白，比起調動肌肉的力量讓自己跑得快，利用重力更適合這項任務，這份認知也是你在採取「姿勢跑法」中必須做好的關鍵心理建設。如果你體會到轉換支撐的竅門，而不是只用自己身體的力氣來跑，你會跑得既輕鬆又快速。

有這份認知之後，接下來利用一些動作讓你更深刻體會其中的要點。但這些動作需要一位夥伴的幫忙。動作都非常簡單，卻可以讓你了解重力與推進力之間的關聯性。

第一個動作，先以「關鍵跑姿」站好，請你的夥伴將手掌放在你的胸口上，你稍微前傾讓對方的手掌稍稍撐住你部分的體重。當對方的手突然抽開時，你會自動開始向前進，根本不需要肌肉使力，重力就會做到全部的事，而且帶你往前進的加速效果更好。

所以，現在你正在前進了，你的腿該怎麼動呢？就算事先沒有任何解說你也會把力氣花在準備著地的擺盪腿上，同時忽略你的支撐腿。為什麼？因為你的身體會本能地去避免危險。我們的身體天生就具有阻擋傷害的反應機制，它根植於我們的意識底層。我們一發現快跌倒，身體會自動啟動防護機制，在【圖23.2】中，原本著地的腳仍在地面上，但往前衝的力量會使騰空腳本能地去接住自己的身體。

4

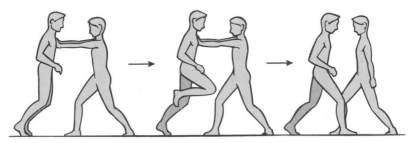

【圖23.2】當你落下時，第一個本能反應就是把腳往前踩，防止身體跌倒。

　　這種防護機制可以防止你跌倒，但它並不會使我們前進。事實上，太積極地使擺盪腿往地面踩是剎車動作，不是跑步動作。所以，真正想學習自由落下與「姿勢跑法」，你就必須克服根深柢固的本能，讓你的身體自然落下。

　　既然我們已經斷定跑步的自由度（包括速度、省力與效率）和自由落下的自由度（degree of freedom of free falling）之間有直接的關係，現在我們必須有自覺地把力氣放對地方，也就是放在拉起支撐腿的動作，而不是擺盪腿落地的動作。擺盪腿落地的工作交給重力就好，我們的工作是把支撐腿盡可能快速且省力地從地面拉起。

　　現在，再回到讓夥伴的手掌支撐在你胸口，接著進行落下的練習（【圖23.3】）。這次，意識別集中在讓擺盪腳落下的動作上，而是放在拉起支撐腳。當擺盪腳在重力的牽引下輕輕碰地時，肌肉不必出力，重力就會引你往前進。現在，你已經正在跑了！

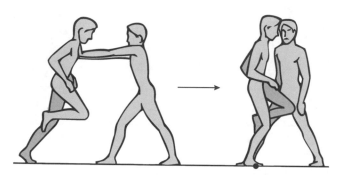

【圖23.3】身體落下往前時，將支撐腿從地面拉起，擺盪腿落地的工作交給重力完成。

很快地，你會發現自己在操場上快跑時輕鬆且自在。而且，跑起來已經不是腳步重踩，而是肌肉不必使力、輕柔踩在地面上的輕鬆跑法。

完成這項練習後，你已經能夠體會利用重力向前跑的感覺。現在請你的夥伴站到你後方，當你跑步時請他把手指放在你的背上（【圖23.4】）。請他不要推你，只要把手指放在你的背上就好。接著，你們

【圖23.4】跑步時請你的夥伴把手指一直放在你的背上。

兩人試著這樣跑十到十五步，然後問自己感覺如何？這樣跑比較輕鬆嗎？為什麼？

你的夥伴並沒有提供任何輔助，只是讓你能專注在姿勢上。你會

下意識地想離開夥伴的手，因此會自動調整姿勢讓自己再往前傾與向前落下，換句話說，你是讓重力幫你加速。此時你要做的只是轉換支撐腳，讓腳步跟上加快落下的速度。

【圖23.5】邊跑邊用胸口去「追」你夥伴的手。

接下來，如果你還是無法體會讓腳自由落下的感覺，還有另一項練習可以試試。你站到夥伴的後方，夥伴的手輕放在你的胸口前（【圖23.5】）。然後，你用胸口去「追」對方的手，此時身體向前傾，盡量用胸口去觸碰對方的手。當你持續轉換支撐點時，應該會強化不斷往前落下的感覺。此時不要加大步伐企圖去追胸前的手掌，你只是讓身體落下往前即可。

這裡來舉個例子，讓你知道自由落下需要的原則。你想像一下獨輪車手為了讓獨輪車前進，他只要向前傾，再搭配一定的踩踏速度，就能保持車身直立平衡前進。一旦車手前傾的幅度大於對應的踩踏頻率，人車就會整個倒栽蔥。所以踩踏的速度必須跟上車手前傾的幅度，才能使獨輪車順利前進。

騎獨輪車就跟「姿勢跑法」的原則一樣，你向前傾的幅度愈大，為了不使身體跌倒，你就必更快速地轉換支撐點。總之，「愈大的前傾角度」加上「愈快的步頻」，你就會「跑得更快」，而且不必耗費肌肉的力量。

第 23 章
學習自由落下的跑步法

　　本章所提到的練習和視覺圖像似乎非常簡單，但要調適心理接受
讓身體自由往下落這件事，有這些練習與觀念真的非常重要，因為自
由往下落是「姿勢跑法」的基礎原則。

第24章
發展自由落下的知覺

練習是你最好的導師。
——羅馬作家帕卜利里亞斯・賽洛斯（Publilius Syrus）

　　到目前為止，你應該大致了解「姿勢跑法」感覺起來像什麼。在前一章提到許多跟夥伴一起的練習方式，主要是為了讓大家了解到碰擊地面與順著重力讓腳步在路面上流動的差別在哪裡。

　　但這並不表示你已經準備好可以開始累積里程數了！因為你只是初嚐「姿勢跑法」的滋味，很容易在長跑的過程中，因疲乏累積而又不知不覺地回復你原本的跑法。這就像古人說的：「一知半解是很危險的事。」

　　下一步是讓自己的身體更深入了解利用重力來跑的知覺。這一步的關鍵是把你全部的力氣集中在移除支撐腳上的體重，只要著重在把腳掌拉離地面就可以了。這聽起來似乎很簡單，但你會非常訝異平常花不少力氣在甩動小腿或把腳往下踩這些不必要的動作上。

　　雖然我們的腳最終還是必須回到地面上（它還能去哪呢？）但我們大部分的人都會下意識用力地把腳往下踩。這使得你的腳掌每次接觸地面時不只要承受體重，還必須加上你下踩力氣所造成的衝擊，這樣一步一步累積下來，不只浪費許多力氣，更會導致受傷。

　　所以為了能真的完美掌握跑步這項藝術，腳步觸地的瞬間是否精準與輕柔非常重要。你要把目標放在腳掌移開地面的知覺上，但在一開始就要把腳掌放對地方。如果你以腳尖著

【圖24.1】以腳尖著地會拉緊踝關節周圍的肌肉或肌腱，也會使你有太多蹬地的動作。

141

地，你將會「蹬地」（【圖24.1】）。如果你以腳跟著地，你的腳掌面就會歷經「起伏」過程（【圖24.2】）。所以為了從蹠球部把腳拉起，你就必須每次都精準地先以蹠球部著地。

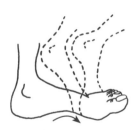

【圖24.2.a】以腳跟著地會使你滾動[1]腳掌（腳掌與地面的接觸點從腳跟到中足再到腳尖的跑法），因而增加腳掌與地面的接觸時間。

【圖24.2.b】支撐腳在地面上滾動的示意圖。

　　因此，接下來的幾項練習是為了提高你自由落下的知覺而設計的，建議你像幼兒學步般，一次一個動作慢慢來。這些動作不只是在開始正式進行跑步訓練之前需要花時間練熟，在你接下來的跑步生涯中仍舊要一再複習。這些動作看起來很簡單，但你可別被騙了，之後你可能會發現，光是想控制腳不做用力下踩的動作都會讓你很傷腦筋。因此你要花時間確定自己「抓到要領」了，再繼續往下做其他的練習。

4

小馬踮步

先以「S 彈性站勢」站好，雙膝微彎，「非支撐腳」的腳踝輕輕上拉，保持這個動作，然後拉起「支撐腳」的腳踝同時把體重轉換到另一腳上（【圖24.3】）。當體重轉移到另一腳時，要盡量放鬆，讓腳掌自然落到地板上。聽起來似乎很簡單，但動作要正確，你必須專心體會以下四項重點：

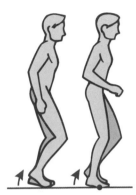

【圖24.3】小馬踮步。

1. 在這個練習中所有動作都不能透過向下用力推蹬來離地，而是由肩膀失重與同時拉起腳掌的動作所啟動。
2. 支撐腳的腳踝要直接垂直往上拉，不能向前或向後位移。
3. 在轉換體重時不要造成任何肌肉的緊繃感。
4. 原本騰空的腳踝（非支撐腿）必須從頭到尾都是自然落下。

這個練習都還沒有向前移動的動作就已經有那麼多細節要注意，所以開始時先一次一次慢慢做支撐腳轉換的動作，注意放鬆與落下的感覺。接著才逐漸減少停頓的時間，加快轉換的速率，直到你能以最少的力氣輕鬆轉換支撐點為止。

第 24 章
發展自由落下的知覺

轉換支撐前進

　　這一項練習基本上只是小馬踮步
的前進版。一樣以「關鍵跑姿」開始
（【圖 24.4】）。身體輕微前傾落下的
同時垂直向上拉起支撐腳，讓非支撐
腳自然地掉到身體重心正下方的地
面。因為你向前落下的關係，身體會
略微超過支撐腿，跑到它的前面去。
此時，先暫停一下，重新確認自己是
否輕鬆地就轉移體重，而且讓腳自然

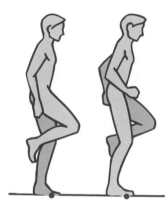

【圖 24.4】一邊轉換支撐點一邊向
前進。

地落下，你必須先確定你沒有用力把腳往下踩。

　　如同在小馬踮步的練習一樣，接著你可以開始盡量縮短重量轉移
的時間。但你現在還不是真的在跑步，你只是先知道前進的感覺是什
麼，然後盡量維持「關鍵跑姿」。身體放鬆，輕微前傾落下，以最小
的力氣將支撐腳從地面移開，就是這樣而已。當你更有信心時，你可
以用你的支撐腳輕輕地單腳跳跳看，如此可以更明顯感受到把腳掌移
開地面的知覺。

單腳點地上拉

　　這一項練習著重在腿部的垂直動作（【圖 24.5】）。很多人會認為

4

「跑步」就是輪流抬起膝蓋把它們往前送的連續動作。事實上，那是你最不應該做的事。抬高膝蓋會造成股四頭肌與腰肌的緊繃感，也會使「關鍵跑姿」走樣。因此需要向上拉起的是你的腳踝部位，直直地向上，如此一來你的腳踝、臀部、肩膀與頭才會維持在同一直線上。這會避免你的跨步太大，同時也會幫助你以較少的力氣使腿部盡快保持微彎。以上每一項練習的目的都是為了讓你學會用較省力的方式來跑。

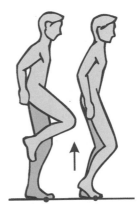

【圖24.5】單腳點地上拉。

　　和之前一樣，以「關鍵跑姿」開始，右腳（非支撐腳）腳踝輕輕朝臀部抬高，隨後放鬆右腳的肌肉讓它自然地回到地面上，身體的重量仍由左腳支撐著，右腳一回到地面就立刻拉起，反覆此動作，像是以腳掌輕敲地面一樣。要注意的是：腳掌落地感覺要跟敲門一樣輕快。當你抓到要領後，可以慢慢增加拉高的幅度。如果股四頭肌能完全放鬆，應該就可以輕鬆地把腳後跟一路抬到骨盆處。當你加大腳掌上抬的幅度後，你會不自覺地在放下腳掌時用力下踩以保持原本的節奏，但這是你絕對要避免的事。

　　注意下面幾項要領：

1. 迅速的上拉動作。如果你有夥伴幫忙的話，請他/她幫忙數拍子引導你上拉的節奏，拍子要數在腳掌觸地時，才能暗示跑者及時運用正確的肌群進行上拉，而非下踩。

2. 腳掌上拉之後，所有的腿部肌群都應盡量保持放鬆。如果你能做到這點，你的腿會在上抬時減速，在落下時加速。不管是減速或加速都源於重力，而非肌肉發力。[2] 記住──只要拉起腳掌，接著就放手讓重力主導一切。

單腳跳

【圖24.6】原地單腳跳（後腳虛點在地面上）。

這類練習動作會變得更加劇烈與吃力（【圖24.6】）。你也許認為單腳跳是小孩子的遊戲，但它也是一種進階的增強式訓練動作。單腳跳可以鍛鍊你的肌力、敏捷度、掌握放鬆時機的能力，以及腳掌甫接觸到地面就快速上拉的肌肉與反應神經。

請注意：單腳跳這種練習方式如果施力不當的話很容易造成受傷。現在不是要你隨心所欲地跳；你的目標是在騰空時維持「關鍵跑姿」，而且在落下的同時，保持肌肉完全放鬆，讓重力主導一切。

一開始最好在草地、沙地、軟墊或人工合成的跑道上，以赤腳練

4

習單腳跳。首先，後腳的腳尖虛點在地面上（非支撐腿），接著迅速垂直向上拉起支撐腿的腳掌，隨後立即完全放鬆讓它回到地面。

在做單腳跳時，需注意下列幾件事：

1. 當你拉起腳掌後，腿部的肌肉就要盡量完全放鬆。你可以藉由股四頭肌與小腿的柔軟度，來確認你是否真的有保持放鬆的狀態。
2. 不要用小腿向上蹬。只需在每一次跳躍時迅速拉你的腳踝，同時要確認它一直是保持放鬆的。
3. 如果你很難維持平衡，剛開始可以讓非支撐腿的腳尖點地，待熟悉後再以「關鍵跑姿」的姿勢進行單腳跳。

不要前後移動，盡量在同一個位置，先以同一隻腿進行單腳跳的練習數次，然後換腿。每次跳動都要盡量讓你的腳後跟碰到臀部，但同時要保持股四頭肌的放鬆。請注意！這個練習的動作範圍比實際的跑步動作大很多，它的目的在使你建立一個新的運動神經模型，但是當你真的上路跑時，就不需要把腳踝拉那麼高了！

當你練熟原地單腳跳之後，可以試著向前跳（【圖 24.7】）。切記向前跳時不是靠你的小腿與腳尖去蹬地，而是利用重力向前落下來移動，每一次落下之後腳掌應該都要自然落在身體正下方。

第24章
發展自由落下的知覺

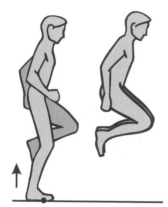

【圖 24.7】單腳向前跳。

在單腳向前跳這個練習中包括兩種自由落下的元素。第一，你會體驗到腳掌以放鬆的狀態自由落下回到地面上。第二，當身體開始向前移動時，你就能體驗到重力使身體向前落下的感覺。這些都是相當複雜的感覺，你必須非常專注才能避免不當施力。當你在單腳跳又想要向前移動的同時，很容易不自覺地以小腿蹬地，以及為了避免跌倒而施力向下踩。這兩者都是不適當的施力。先要確認你已經很熟練前一項原地單腳跳的練習，沒有不當施力，能夠完全放鬆，既沒有以小腿蹬地也不會用力下踩之後，才能繼續進行單腳向前跳的練習。但只要一發現上面任何一項情形，就要馬上停下來。

弓箭步上拉

你也許已經從許多運動社團或健身俱樂部學過弓箭步這個動作，但這裡所介紹的有點不太一樣。這個動作有助你開發上拉與自由落下的知覺。在做這個練習時，你身體的位置與你向前傾的體重比例息息相關，體重落在前腳上，後腳只做為平衡和穩定之用，並不受力（【圖 24.8】）。同樣地，訓練目標在於上拉，而且上拉時要盡量省

力，動用愈少肌群的力量愈好。弓箭步這個姿勢能有效隔離其他多餘的肌肉用力，它讓你只動用到最少的肌群來完成上拉的動作。

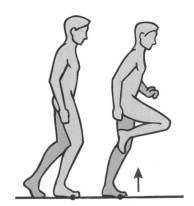 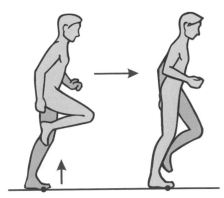

【圖24.8】弓箭步原地上拉。　　　　　【圖24.9】弓箭步上拉＋向前移動。

　　如果你在原地做這項上拉練習時，身體已經能夠保持穩定，接著你就能夠以弓箭步的方式向前移動。移動，同樣是透過向前倒的方式進行，後腳只負責平衡與穩定，不要去推蹬地板（【圖24.9】）。這個動作有點像拖著一隻腳用單腳跑步，但後腿不要完全伸直。在練習時只專注在前腳的拉起動作與利用向前落下的姿勢來移動。上述一系列的動作，構成「姿勢跑法」在生物力學方面的基本框架：唯需主動用力的是拉起的動作，而前進的事只讓重力負責。

第24章
發展自由落下的知覺

蹦跳

說到蹦跳，你可能會馬上聯想到童年那段蹦蹦跳跳的嬉鬧時光。
那正是童年之所以美妙的地方。有許多好玩的動作其實都是很好的運

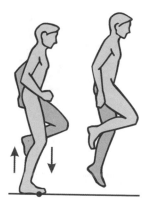

動。先以雙膝微彎的S彈性站勢為預備
動作，向上跳起的同時只把其中一隻腳
的腳後跟垂直往臀部拉（【圖24.10】），
接著就像一般彈跳一樣，雙腳同時著
地。如同本章介紹的其他練習一樣，當
你熟悉原地的彈跳動作之後，可以讓身
體稍微前傾，邊跳邊向前進，接著再換
腳練習。等你非常熟練之後，可以練習
改變節奏，以忽快忽慢的方式向前蹦跳。

【圖24.10】蹦跳。

譯注：

1. 這邊原文是用「rolling」，所以譯成「滾動」。表述類似球在滾動時的物理特徵，重量
   壓過較多的支撐面積（多點支撐），而且有先後順序。這種落地方式是不好的。若腳
   掌像球在地面滾動一樣由後而前的「多點支撐」，由腳跟先著地，接著重量從腳跟轉
   移到中足，再轉移到腳掌前緣，接觸面積很大，而且是由後向前轉移，這是跑者比較
   沒效率的支撐方式；有效率的方式是把重量轉移到「較小的面積上」（腳掌前緣處），
   接著就直接離地。後者的方式，腳跟會觸地沒錯，但大部分的體重沒有壓上去腳跟，
   若是「腳掌滾動」的跑法，重量會從腳掌後面→中間→前緣，全壓過一次，這樣很沒
   效率又易受傷。
2. 「肌肉發力」是訓練圈常用的術語。意思即「肌肉用力」。

第25章
開始跑步吧！

千里之行，始於足下。
——老子

哇喔！這本跑步祕笈你讀了快一半，但是還沒開始做你最喜歡的事：出門上路開跑。如果你之前有稍稍努力學完「姿勢跑法」的整套流程，你現在一定非常急著繫好鞋帶衝出門，然後用這種很棒的復古方式來跑步。

到目前為止，你已經讀了各種關於「姿勢跑法」的理論，也跟著我們仔細思考了「姿勢跑法」中的概念，也做了許多實際的動作來親自體驗「姿勢跑法」的知覺。如果你不想再聽到「姿勢跑法」四個字，我也不會怪你的。

在你體驗過那些基本的練習動作之後，若想要出門運用這個新方式跑步還是會有許多問題存在，尤其是個人的不確定性所引發的恐懼，這我們稍後會討論。但現在，我確定你很可能有點半信半疑，而且也有點不太敢用「姿勢跑法」真的上路跑跑看。

在聽過「姿勢跑法」之前，你對跑步所考慮的事情，可能只是想著等會兒要跑哪條路線、要跑多遠、要跑多快。更不用說你花好幾個小時在路上跑時，生活中的各種責任與活動，會引發許多雜亂的思緒在你的心裡蔓延。那時的你，幾乎不會花時間思考該如何跑。跑步動作本身只是某件身體會自主完成的事，並非某件你必須費心煩憂的事。

但現在突然間，你必須思考該如何跑步。你或許會對自己說：「雖然我繼續在學習『姿勢跑法』，可我還是會回到我『最自然』的跑法。」又或者你決定致力於「姿勢跑法」，但依然很不確定自己該

151

跑多遠、多快、該去跑坡道嗎？最糟的是，你連自己是否真的用「姿勢跑法」來跑都不確定。

的確有很多需要考慮，而且你根本就還不習慣去思考那麼多關於跑步的事。請放鬆。沒錯，的確有很多事需要你考慮，可是任何事只要牽扯到要把理論轉化成實務都是浩大的工程。可是這一定會克服的，而且一旦開始了，你絕對不會走回頭路。

你會一直想到關於速度、距離、有坡／沒有坡和無數其他方面的事。但你應該思考的，是把支撐點從一隻腳轉換到另一隻。是的，如同一句老生常談的話：「千里之行，始於足下。」在學習「姿勢跑法」這件事情上，千里之行就如同你未來的跑步生涯，所以你的第一步必須盡可能地以完美的姿態踏出。第一步踏對了，你接下來的跑步生涯就更有機會往好的方面發展。

而那也正是你在進行「姿勢跑法」的訓練過程中最關鍵的重點：每一步都要完美。這和你打算跑多遠或能跑多快都沒有關係，只要讓你的每一步都完美，你就可以跑得很好！當然，這會使你在踏出第一步時備感壓力。美國最有價值的傳奇捕手──尤基·貝拉（Yogi Berra）曾提出一個問題：「你怎麼能一邊揮棒同時又一邊思考呢？」

你現在也面臨同樣的問題：「你怎麼能一邊跑步同時又一邊思考呢？」這表示我們要回到基礎概念。你穿好跑鞋出門，準備跨出那完美的第一步之前，先重新檢視清單：跑步關鍵姿勢是否夠放鬆了呢？有保持平衡嗎？姿勢正確嗎？膝蓋有微彎嗎？呼吸自然嗎？很好，就

4

是這樣，在開始跑之前，先站著好好回想關於「姿勢跑法」的各種原則，在心裡排演個幾分鐘：

一切從把腳移開地面開始，然後身體向前自由落下，接著在幾乎沒有抬高身體的情況下……什麼……就開始跑了！就像你在前一章所練習的動作一樣，把你的腳掌直接從地面朝身體拉起，然後順著重力放下，開始向前移動。在放下的一瞬間，同時把另一條支撐腿從地面盡快拉起。隨著這些動作不斷重複，你將完美地向前跑去。

是的，就是那麼簡單。但簡單並不代表容易做到，因為你必須做到的不是花時間跑長距離，而是在長距離中你踏出的每一個步伐，也就是在「每一個眨眼間的剎那」，都必須符合「姿勢跑法」的動作。完美的長跑只不過是完美步伐的集合，它們全發生在極短的瞬間。

多短呢？從紀錄來看，世界頂尖跑者的每一步，腳掌與地面接觸的時間只有十分之一秒，一般比較慢的跑者大約會多出一倍的時間。也就是說，每一步你花在維持「關鍵跑姿」的時間，大約介於十分之一至五分之一秒之間。在那個時間點每一項細節都必須精確到位：與地面接觸時腿部必須放鬆、有彈性、膝蓋彎曲，腳掌的落點則必須剛好在頭部與臀部的連線上。

現在你已經完成了第一步，開始實際運用「姿勢跑法」跑步。當下，你必須處理你已經具備的各種資訊，問自己：「這樣的感覺對嗎？」、「我有往前落下嗎？」、「我有及時拉起腳掌嗎？」、「我一直待在『關鍵跑姿』的框框裡嗎？」

第 25 章
開始跑步吧！

　　你在跑步時還有一件事要注意，雖然它看起來既抽象又似乎和跑步毫無關係：如果你太過擔心自己跑得如何，你可能會陷入「分析癱瘓」（paralysis by analysis）的窘境。所以在跑步時盡量簡化你的思緒，保持流暢，只專注於「姿勢跑法」中的各項要點。

　　要放在心裡的重點只有三個：「關鍵跑姿」、落下與拉起。持續保持「關鍵跑姿」，讓身體自由向前落下和拉起腳掌。當你在練跑的時候，可以反覆檢視下面的清單，直到它像是你再也忘不了的祈禱文為止。

1. 檢查「關鍵跑姿」：夠放鬆嗎？有保持平衡嗎？身體是否在「關鍵跑姿」的框框裡，而且主要以蹠球部支撐體重？著地點剛好在身體下方嗎？膝蓋有一直保持彎曲嗎？

2. 檢查自由落下：肌肉是否有緊繃感？身體是否有任何部位造成剎車效應？身體是否一起向前落下？

3. 檢查腳掌拉起：是否拉起腳掌而非整條腿？腳掌是否及時拉起？有垂直向上朝臀部拉起嗎？

　　當你愈來愈熟悉這些像祈禱文般的原則之後，你可以把它們縮減成三個節拍：姿勢──落下──拉起（pose-fall-pull），姿勢──落下──拉起。順著這些原則上路起跑時，你會發現自己開始把注意力放在跑步的動作本身，而不再是跑步的結果上。你不再去想你跑了多遠

4

或多快，或是你跑得有多累，而是逐漸讓自己單純沉浸在跑步的本質中。

一旦你設定好節拍，你甚至可以藉由控制祈禱文的循環節拍來改變跑步速度。從「姿勢——落下——拉起」，到下一輪的「姿勢——落下——拉起」，你不僅覺得速度變快了，還會覺得向前落下的角度增加了，而且你的腳掌也拉動得更快。你會很明顯發現腳掌落地的聲音改變了。所有的一切都變得更輕、更快、更集中，而且更有趣。試試這句祈禱文的各種變化，直到你找到最適合你的節拍為止。在心裡默數「1-2-3-4」，「1-2-3-4」或只是複誦「up-up-up-up」來算步伐，當你找到自己的節拍之後，跑步會變成一項憑智力行事的遊戲，看你在逐漸加速的急馳中，能把「姿勢－落下－拉起」這三個動作整合起來維持多久的時間。

從技術理論的觀點來看，用「姿勢跑法」來跑快一點比慢慢跑容易很多。在此之前，你可能跑起來像一台喘吁吁的小貨車，但如今你已經學習了「姿勢跑法」，如同在體內注入了賽車的技術，你會一直想跑快一點，就如同賽車喜歡高速一樣，快跑讓你覺得更舒服。在慢跑的時候，支撐腳會在地面停留太長的時間、身體會太過垂直，同時著地會發出太多砰砰聲，但是當你加速時，上述的每件事都會變得更順利。你的跑步引擎也會開始全面啟動。

好吧！如果說你第一次用「姿勢跑法」跑步，就能像台法拉利跑車一樣在路面呼嘯而過，也許有點誇張，但重點是你不能害怕運用你

的新跑法。如果你出門時對新的跑法仍感到不安，害怕自己的身影，所以跑得很慢很慢，只是想確認自己跑得對不對，這樣你可能完全做錯了！

擁抱你新的跑步技術，好好用它向前飛奔吧！看看感覺如何。跑步是很有趣的，而且當你跑得愈好，樂趣也會隨之增加。剛開始幾次，不要去管你跑了多遠或跑多快，而且如果覺得有什麼地方做錯了，也不要害怕停下來再思考一下。

事實上，能夠時常停下來是好的，你可以重新檢視那些感覺，確定那些感覺和你所學習到的「姿勢跑法」是一致的。仔細思考你的跑步方式，決定哪些動作必須重新練習，然後再試一次。這種方式可以讓你在跑步時一直保持新鮮感，另外，也不會使不正確的技術成為你跑法的一部分。

跑步時要一直調整身體。步伐要輕、要快、要柔。仔細聽你的腳步聲，而且有意使那聲音逐漸變小。當你的腳一接觸到地面時，就要馬上去感覺快速上拉的腳掌。控制你的呼吸，表情不動聲色，不要有多餘的動作，保存你的能量。最重要的，要享受跑步。

你已經從理論思考轉換到實際行動，你現在是一位「姿勢跑法」的跑者了。「姿勢跑法」的思想已經滲入你的心裡，是時候來重新打造你的身體和精神，使你變成一位你所能成為的最好跑者。

重新打造屬於跑者的身體和思維

第26章
鍛鍊跑步的力量

一步下錯，滿盤皆輸。
——古諺語

美國的跑步熱潮從七〇年代開始萌芽，一般自學的跑步社團還沒有人開始重視力量訓練，但事實上，它反而是其中最重要的一環。對於新一代的跑步愛好者來說，跑步多半是為了逃離滿是汗臭味的健身房，以及為了尋求室外運動所帶來的自由感受。對很多人來說，跑步是優良的嗜好，它使你在精神與身體上都獲得昇華的契機，也使你逃離日常生活中的各種束縛。

在這種意識型態下，肌力訓練反倒看起來完全無法和跑步有任何連結。那些舉重的人與健美先生或小姐，被刻板地認為是處在汗濕健身房裡的肌肉棒子，在那裡口耳相傳著合成類固醇與其他肌肉生長激素等負面印象。這也使得跑步和肌力這兩種運動完全沒有交集。

為了跑得更好，理論上，所有你必須做的是跑多一點……更多……再更多。低強度長距離的訓練方式（long slow distance, LSD）被一些像是法蘭克・肖特、艾爾伯托・薩拉扎爾和比爾・羅傑斯（Bill Rodgers）等偉大馬拉松跑者所認可。好的跑者都很瘦，但並不憔悴；舉重的人都很大隻，像大塊頭一樣。

當時大部分的跑者都是自我訓練，他們不重視力量訓練，而且蔑視力量訓練的效應也蔓延到當時的教練身上。他們太過強調「跑愈長愈好」，根本不覺得肌力的發展在跑步訓練方法中很重要。教練只重視發展心肺能力，他們並沒有從全面的視野來鍛鍊體能，只認為心肺能力才是增進跑步表現的唯一關鍵因素。依照這套理論來說，提高訓練量能不斷增強你的心肺能力，使你跑出最佳的馬拉松成績。

5

然而，就如同我們之前所討論的，只重視心肺耐力的訓練方式並沒有辦法讓你跑得更快，反而會一直磨損跑者的跑步生命，美國的跑步熱潮正因為這樣而消退。我們可以說這種方式延伸出的不幸公式是這樣：「長距離的跑步」加「差勁的技術」，加上「缺乏力量訓練」，最後結果等於「一名受傷的跑者」。

大約在七〇年代末期，許多具有先見之明的教練都意識到，只用LSD的訓練方式並無法保證選手的成功。不管是職業選手或業餘跑者，受傷的比例都不斷攀升，在此同時，美國也逐漸讓出馬拉松界短暫的龍頭寶位。很明顯地，我們需要一種新的訓練方式。

然而，還是很少有教練開始重新思考力量訓練對於跑步的幫助。因為大多數的業餘跑者都是自我訓練，他們覺得跑步這種運動對身體的負擔太大，不可能跑一輩子，所以逐漸退出。很多人開始轉向自行車、游泳或是鐵人三項，讓自己跑少一點，但仍可以保持一定的體能狀態。

真心喜歡跑步的跑者都在尋找排解訓練狂熱的新出口。認真的教練也不斷嘗試新的訓練法為嚴苛的跑步訓練尋找新的平衡點，但這些

第 26 章
鍛鍊跑步的力量

實驗性的課表都直接忽視該如何培養跑步所需的專項——力量訓練。

開始了解力量訓練對跑步的重要性，是由一九七八年出版的《跑者指南》（*Runner's Handbook*）所提出，作者鮑伯‧葛洛佛（Bob Glover）和傑克‧雪伯（Jack Shepherd）在書中特別提出了十種造成跑步運動傷害的主因，他們稱其中兩種為「無力的腳」和「無力的抗重力肌群」。這兩位作者首先主張力量訓練的重要性，他們在書中提到「建議現今所有的跑步教練都該為他們的選手安排重訓課程」。

科學家與教練目前已經公認力量訓練可以增進耐力選手的表現，這已經是無法否認的事實了。但如果「姿勢跑法」那麼簡單，我們只是仰賴重力，快速地把腳掌移開地面，你也許會疑惑，為什麼力量又變得如此重要？那力量實際上又如何使我們跑得更好呢？

稍待一會，我們先來重新檢視英文中一句老掉牙的話，但它的確是真理：「鏈條的堅固程度，取決於它最薄弱的環節。」（A chain is only as strong as its weakest link.）人的身體並不只是許多獨立運作的肌群所組成，而是那些肌肉互相整合而成的系統。當你的目標是把身體往前移動時，身體的每一個獨立系統都要扮演好自身的角色，又能同時與其他系統合作，你才能順利地往前跑。只要其中有某個部分跟不上其他部分運作的速率，就會拖垮整個系統，甚至導致崩潰。

在「姿勢跑法」中，動作非常地簡單且具重複性，但是你必須要有足夠的力量才能維持動作的穩定性，還要不做出其他會耗盡體力和減損整體表現的動作。

5

　　這裡有一個非常生動的比喻。回想一下那種需要用火車頭拖曳的老式列車。這種火車頭是用很簡單的機械系統把能量從引擎轉換到輪子上，引擎只是持續把鐵桿一次又一次地往下壓來驅動輪子。也就是說，用一種重複性高的單一動作，就能載著數噸的貨物與乘客送往數千英里外的目的地。驅動老式火車頭的機械原理雖然簡單，而且動作的範圍也沒有很大，但其中所有機械的力量強度必須非常高才行。為了使整個系統能正常運作，每一個環節都必須以最高強度來設計。只要其中有一個環節故障了，整列火車就會動彈不得。

　　「姿勢跑法」的主要動作只是把腳掌從地面拉起，這樣的動作非常簡單。但在不斷重複拉起腳掌的過程中，身體必須有紀律地被限制在一定的範圍內，不要過度擺動手臂，不要跨大步，也不要使身體上下位移太多。總之，持續待在鏡頭的框框裡。這不只是專注度的問題，還有身體是否具備執行你所發布指令的能力。

　　因此，你需要力量來把身體保持在固定的框框內，你也需要力量來成就另一個成功的重要元素──敏捷（quickness）。你可能會很快地想到，對長距離跑者來說又需要速度，「敏捷」是像百米跑者、美式足球場上的角衛或是籃球場上的得分後衛才需要的能力。

　　在長距離跑步上「敏捷」又扮演什麼樣的角色呢？事實上，它是相當重要的。跑步時能維持速度的兩個主要元素是：從地面把腳掌拉起所花的時間，以及你的步頻。這兩種元素都需要良好的肌肉力量與彈性才能維持比較長的時間。當你愈強壯，你就愈能維持較高的步

第26章
鍛鍊跑步的力量

頻，也比較能夠支撐身體的重量。

當你結合各種需求，像是待在鏡頭的框框內、盡可能快速地移動雙腳，以及擁有能長時間維持上述動作的耐力之後，一幅宏大的畫像將浮現出來。你會在這幅畫像中發現，最初好像是從力學條件所開發出來的理論技術，似乎變成超越科學理論的精湛藝術。

就像芭蕾、花式溜冰或跳水一樣，都被看作是一種藝術。一位技術高超的跑者，他在跑步時所呈現出來的是一種整體性的優美跑法，不僅讓跑步超越一般的功能性，更進展到美的境界。到那時，跑者已經不只是「用腿在跑」，而是整個身心系統以一種完美無瑕的跑步動作表現出來。

到這種水準時，你已經達到藝術的境界了，不再需要在意距離或成績上的秒數，只要專注於動作在時空中完美向前流動的整體印象。

另一幅與速度有關的圖像也許在這裡有幫助。想像一下獵豹奔跑時的慢動作（【圖 26.1】），或是其他任何敏捷的動物在獵捕時的跑姿。你可以從牠們的眼神中捕捉到牠們動作中那種純粹的圓滿與完美。不管地形如何，這些動物極度專注地以驚人的速度前進。看牠們跑動時，你不只訝異於牠們驚人的力量，還有牠們的柔軟度。牠們的肌肉即使充滿力量，但看起來非常放鬆、有彈性，只是如流水般前後擺動就能輕鬆向前跑。

你要把自己想像成一隻獵豹。在心裡想著獵豹的形象，然後看著自己馳騁在常跑的路上。你是否像漂浮在路面般流暢地跑著？或者感

5

【圖26.1】獵豹的跑姿。

覺像是深陷泥沼般沉重而無法繼續再奔馳了呢？

　　力量訓練對跑步非常重要，它可以讓身體有足夠的力量，使你跑起來像自然界最厲害的跑者。一旦你完全掌握了「姿勢跑法」中的基本元素之後，你必然會變成一位真正的跑者，而且在跑步中體驗到禪定的感受。你必須鍛鍊敏捷度、力量和想像力，而不要受制於馬表或跑步的環境。

　　從實際的觀點來看，要把身體裡各種不同的肌群融合成單一的系統來跑，需要非常專門的準備工作。一個缺乏準備、力量開發未完全的身體，只要一開始跑步就會表現出許多技術不良的徵候：拉長的步伐、笨拙的移動、整體的呆滯，臉部呈現出痛苦的表情。相反地，準備好的跑者將移動敏捷、步伐簡潔，跑步時臉上會呈現出一種寧靜、專注的表情。

第 26 章
鍛鍊跑步的力量

接下來的各種練習將滿足跑者在力量訓練上的各式需要：

1. 開發肌肉與肌腱的彈性（第 27 章）

2. 臀部的訓練方式（第 28 章）

3. 拉起的訓練方式（第 29 章）

對一些剛接觸力量訓練的跑者來說，這一連串的練習也許會讓人想打退堂鼓。我將在第 30 章解釋成功整合這些力量訓練的過程。

接下來的章節會介紹應付各種地形的跑步技術，但你必須先具備相關的經驗才行，否則你無法在心中想像我所說明的正確影像。有過相關經驗後，比較容易讀懂下面的章節。我將會介紹特別的訓練方式與技巧：

1. 沙灘練跑（第 31 章）

2. 上坡跑與下坡跑（第 32 章）

3. 越野跑（第 33 章）

4. 赤腳跑（第 34 章）

也許這份清單沒有列出你平常的練習項目，但並不表示它不好。只是上述這些練習項目絕對是開發跑步潛能的最佳良方。記住，就練

5

習本身而言，你只會因為不夠專心，或是無法確實掌握到該練習的要領，造成整體表現無法提升而已，而沒有所謂比較差的練習項目。

第27章
開發肌肉與肌腱的彈性

肌肉與肌腱的彈性是增進整體跑步表現的決定性因素之一。雖然彈性的進步很難以數字量化，但只要你認真練習本章的動作，你就會覺得跑步時能較輕鬆地提高步頻，這也表示你跑起來變得更有效率。

接下來要介紹增進彈性的各種彈跳動作，它們都不需要花很長的時間。但你必須小心，要盡量以正確的動作來訓練，而且剛開始練習時不要過量。雖然有些動作似乎很簡單，但同時也潛藏受傷的風險。而且在熟練這些動作之前，不要太快增加次數或組數。

做這些彈跳動作過程中最需注意的是「不要用腳蹬地」，只利用輕微的聳肩和拉起腳掌動作來離地即可。你可能會懷疑「這樣能跳嗎？」因為我們一般對跳的印象是籃球場上中鋒跳球的畫面。你可能看過：兩隊的中鋒在球場中間預備好蹲下，膝蓋微彎，然後當裁判把球往上丟時，他們就用力下蹬，向天空衝去。現在，我要你先忘掉這些畫面。

在接下來的彈跳練習中，重點放在聳肩失重離地，以及拉起腳掌的動作，每次離地後，肩膀和下肢就要立即放鬆。彈跳的過程中你必須提醒自己，雙腿要一直保持彎曲，膝蓋絕對不能伸直。

從【圖27.1】～【圖27.14】都是在定點位置的彈跳練習。你最好先進行「原地彈跳」，等掌握到要領再進行後續的「前進彈跳」。

5

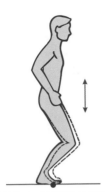

【圖27.1】S彈性站勢原地上下彈跳，腳跟上下移動即可，前足先不離地。

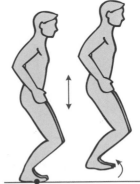

【圖27.2】S彈性站勢原地上下彈跳，每次腳掌離地時，都把腳尖向上勾。

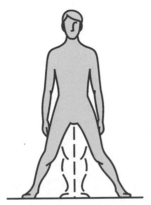

【圖27.3】S彈性站勢開合跳。

【圖27.4】S彈性站勢原地上下彈跳，騰空後兩隻腳掌在空中互碰，隨即在落下的同時，雙腿向外分開回到原本的位置著地。

【圖27.5】以S彈性站勢為起點，騰空後左腳往前跨出成弓步姿勢，下一次騰空後回到S彈性站勢，接著右腳跨出成弓步姿勢，反覆交替。

【圖27.6】如同【圖27.5】，但中間不回到S彈性站勢，以左腳在前的弓步姿勢跳起後，直接換成右腳在前的弓步姿勢落下，反覆交替。

【圖27.7】原地上下彈跳，腳掌反覆以內旋與外旋的姿勢著地。

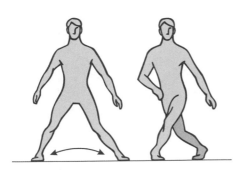

【圖27.8】以S彈性站勢原地上下彈跳，彈起後在空中呈左腳在前的交叉步，下一次騰空後再回到S彈性站勢，接著換成右腳在前的交叉步姿勢，反覆交替。

【圖27.9】雙腳雙膝同時保持併攏，向上跳起後旋轉臀部，使膝蓋和腳尖做左右旋轉，但上半身始終面向前方。

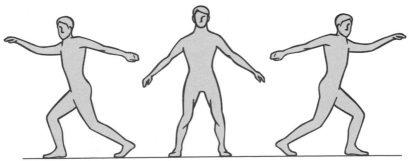

【圖27.10】以S彈性站勢為起點，彈跳騰空後下半身右轉成「右弓步」，下一次彈起後回到彈性站姿，接著左轉成「左弓步」，反覆交替。

第 27 章
開發肌肉與肌腱的彈性

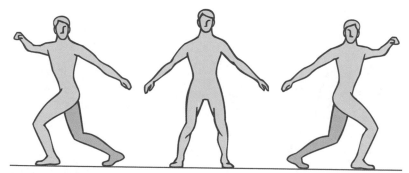

【圖27.11】以S彈性站勢為起點,彈跳騰空後下半身左轉成「左弓步」,下一次彈起後回到S彈性站勢,接著右轉成「右弓步」,反覆交替。

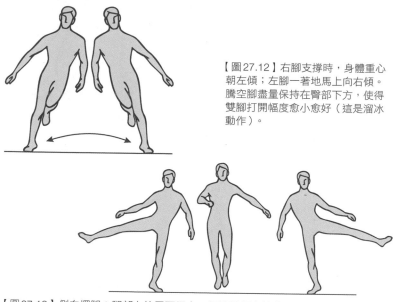

【圖27.12】右腳支撐時,身體重心朝左傾;左腳一著地馬上向右傾。騰空腳盡量保持在臀部下方,使得雙腳打開幅度愈小愈好(這是溜冰動作)。

【圖27.13】側向擺腿:腿部上抬需要用力,但讓腿部自然落下,直到敲到另一隻腳掌後才抬起,使雙腿像鐘擺一樣左右擺盪,過程中身體要盡量保持穩定。

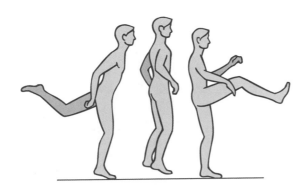

【圖27.14】前後擺腿：
腿部上抬需要用力，但
要讓腿部自然落下，使
雙腿像鐘擺一樣前後擺
盪，過程中身體要盡量
保持穩定。

在接下來【圖27.15】～【圖27.29】的彈跳動作中，你將會以單腳或雙腳彈跳的方式移動你的身體。當你身體移動時，你必須盡量避免用腳去推蹬地面，而是利用身體的傾斜來移動，就像「姿勢跑法」中你用身體前傾來移動一樣。總之，不是推蹬，只是轉移體重傾斜的方向。

【圖27.15】S彈性站勢
向前彈跳。

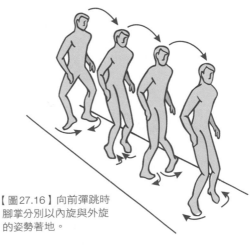

【圖27.16】向前彈跳時
腳掌分別以內旋與外旋
的姿勢著地。

第 27 章
開發肌肉與肌腱的彈性

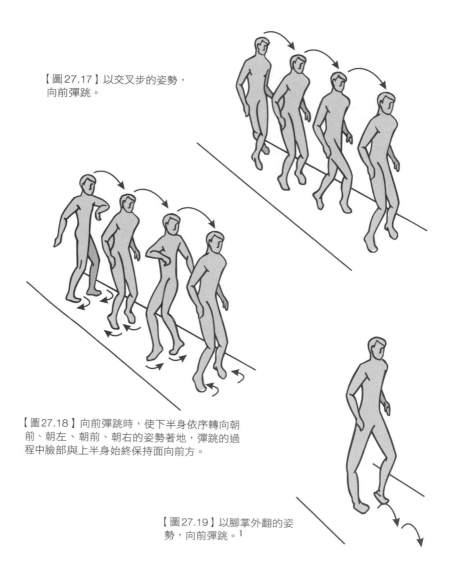

【圖27.17】以交叉步的姿勢，向前彈跳。

【圖27.18】向前彈跳時，使下半身依序轉向朝前、朝左、朝前、朝右的姿勢著地，彈跳的過程中臉部與上半身始終保持面向前方。

【圖27.19】以腳掌外翻的姿勢，向前彈跳。[1]

5

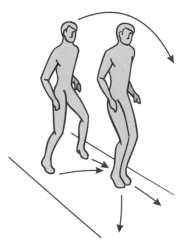

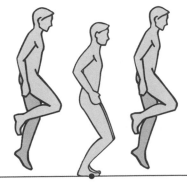

【圖27.21】每次跳起時,非支撐腳同時向臀部拉起,使空中的身體呈「關鍵跑姿」,接著雙腳著地,使落地時身體呈S彈性站勢。

【圖27.20】向前彈跳時,腳掌交替以併攏與分開的方式著地。

【圖27.22】如同【圖27.21】,但每次都換另一隻腳拉起。

【圖27.23】「關鍵跑姿」彈跳,但每次彈起後,支撐腳交替轉向內外兩側。

第 27 章
開發肌肉與肌腱的彈性

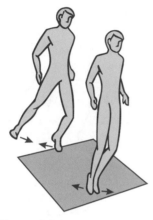

【圖27.25】單腳向前彈跳，每次
彈起後都要快速地把支撐腳的腳
跟拉向臀部。

【圖27.24】單腳彈跳時騰空腳刻意
向外側打開，每次彈起後，雙腳互
相擊掌。

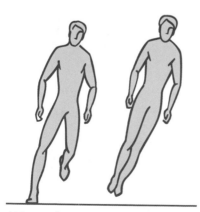

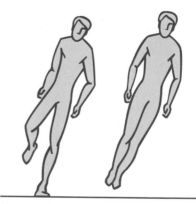

【圖27.26】單腳向側邊彈跳時，騰空腳
懸在身體「前方」。

【圖27.27】單腳向側邊彈跳時，騰空腳懸
在身體「後方」。

5

【圖27.28】三級跳遠的動作：左/右腳交替彈跳向前。

【圖27.29】單腳跑：以右腳支撐時，利用聳肩與左腳上拉的動作來離地，當右腳感受到失重之後也隨即上拉，在雙腳皆騰空的最高點會形成「關鍵跑姿」，但隨即拉起左腳，同樣使右腳著地，而且一著地就回到「關鍵跑姿」。

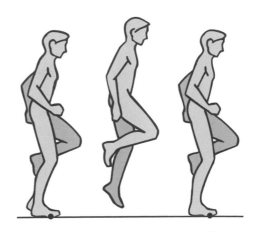

　　接下來是手持或身負重物（空槓、啞鈴、負重腰帶）的彈跳練習（【圖27.30】～【圖27.40】）。在這些練習中，身體的所有動作都必須同步進行。前面的原地彈跳與移動彈跳的練習重點，在於開發下肢的彈性。進入到負重彈跳之後，則需要身體其他部位的同步配合才能完成。手持負重時請專注把手上的重量往上抬，身著重物時則專心聳肩

第 27 章
開發肌肉與肌腱的彈性

或擺臂，利用上半身創造失重來使身體離地。因此這一系列的練習，可以幫助你整合身體各部系統，使你更能在跑步中體會到「用整個身體來跑步」的感覺。所謂完美的跑步境界，並不是隨機移動身體的各個部位，而是以優美流暢的方式整合所有部位，讓身體一起向前落下。當你在練習下面的彈跳動作時，想像你自己是一台完美的機器，所有的零件都緊密協調一致地同步運作。

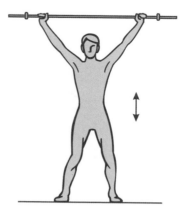

【圖 27.30】雙手舉槓鈴於頭頂，以 S 彈性站勢原地上下彈跳。

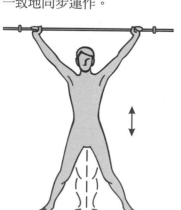

【圖 27.31】動作同【圖 27.30】，但改成開合跳。

【圖 27.32】動作同【圖 27.30】，但騰空時雙腳互相擊掌，著地時雙腳分開。

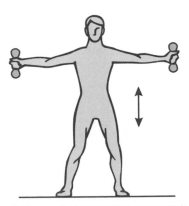

【圖27.33】雙手舉啞鈴於身體兩側成水平，以S彈性站勢原地上下彈跳。

【圖27.34】雙手舉槓鈴於頭頂，以弓步姿勢原地上下彈跳。

【圖27.35】雙手舉槓鈴於頭頂，把一隻腳放在跳箱或台階上，向上跳起後順勢換腳。

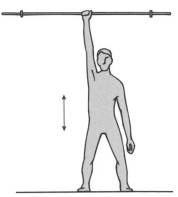

【圖27.36】單手舉槓鈴於頭頂，以S彈性站勢原地上下彈跳。

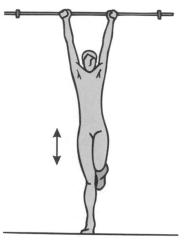

【圖27.37】雙手舉槓鈴於頭頂，以「關鍵跑姿」原地上下彈跳。

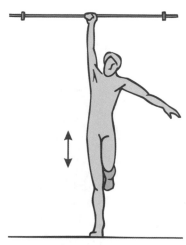

【圖27.38】單手舉槓鈴於頭頂，以同側腳支撐的「關鍵跑姿」原地上下彈跳。

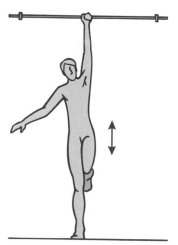

【圖27.39】單手舉槓鈴於頭頂，以對側腳支撐的「關鍵跑姿」原地上下彈跳。

【圖27.40】雙手舉槓鈴於頭頂，跳上兩側跳箱，落地後一回到S彈性站勢就立即起跳。

5

你現在應該已經注意到，所有的彈跳練習都會使你自然地以蹠球部（前腳掌）先著地，就像你用「姿勢跑法」跑步一樣。這些彈跳練習可以使你的「移動裝置」在任何地形上或各種情況下，都能以完美的支撐向前跑。

【圖27.41】雙腳跳繩。

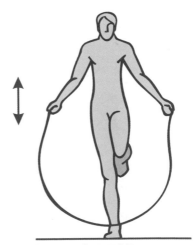

【圖27.42】單腳跳繩。

第27章
開發肌肉與肌腱的彈性

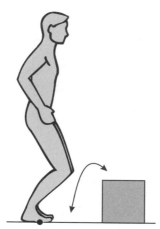

【圖27.43】雙腳上下跳箱。

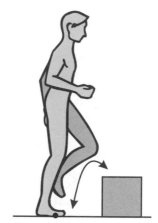

【圖27.44】單腳上下跳箱。

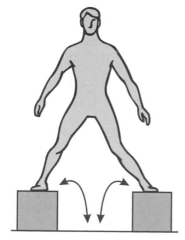

【圖27.45】雙腳張開分別站在兩個跳箱上，跳下的同時回到S彈性站勢，隨後即刻跳回到箱子上。

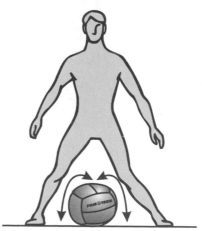

【圖27.46】雙腳分開，軟式藥球（medicine ball）[2]置於身體下方。向上跳起時，跳上藥球以S彈性站勢保持平衡後再跳下來。

5

【圖27.47】雙腳張開分別站在兩顆軟式藥球上。跳下的同時回到S彈性站勢,隨後雙腳分開跳上藥球。

【圖27.48】身體前方放置多顆藥球,連續向前跳過。

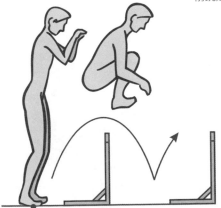

【圖27.49】身體前方放置多個跨欄,連續向前跳過。

第27章
開發肌肉與肌腱的彈性

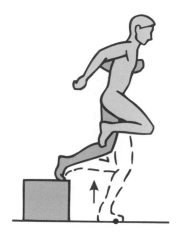

【圖27.50】後腳置於台階上固定不動，前腳原地向上彈跳，跳起同時把腳掌拉向臀部。

【圖27.51】腳踝綁上彈力繩，進行單腳彈跳。

5

　　上述的所有訓練動作都可以如同【圖27.51】一樣，在腳踝上加上彈力繩的拉力。負重彈跳時，不管你有沒有進行彈跳動作，重量都會一直壓在你身上，但彈力繩只有在你移動時才會產生阻力，而且你跳動的幅度愈大，阻力也會相應提高。彈力繩的阻力會放大你動作上的缺點。當你習慣阻力之後，你會更專注在整體的移動上；當你的身體變得更有彈性之後，這些練習會變得更簡單與自然。

譯注：

1. 有些人擔心這個訓練動作會扭傷腳踝，但事實上，在訓練時有意識地去做反而不會扭到，「扭傷」是因為無意識地把體重壓在腳踝上造成的，在熱身階段若能刻意這樣做，反而會把踝關節裡的反射神經喚醒，有助於避免扭傷。作者建議有習慣性扭傷的人，在熱身階段要刻意做這個動作。
2. 書中所指的藥球皆為軟式藥球。

第28章
臀部的訓練方式

一個人的生命本身並沒有被賦與什麼意義，
沒有努力工作的話，一生就只是平凡，無異於一般的生物。
——古羅馬抒情詩人賀瑞斯（Horace）

接下來是一系列跟臀部有關的訓練動作。這些動作之所以重要，是因為臀部正好處在連結全身動作的關鍵位置上。它就像是上半身與下半身的橋梁，在統整與協調身體的動作上扮演關鍵性的角色。臀部的穩定性和力量，不管在落地或騰空時，都提供了傳遞能量的良好通道。而且，強壯的臀部提供下肢有力的支撐，同時也能減少下背部的衝擊。

接下來以圖示介紹各種臀部的訓練動作，【圖28.1】～【圖28.6】是以站姿的方式來訓練，【圖28.7】～【圖28.9】是跪姿。這些動作不但可以加強你臀部周圍肌群的力量，同時也能增進你在跑步時保持平衡的技巧。

站姿的訓練方式

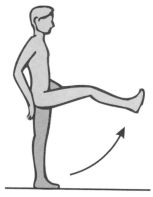

【圖28.1】單腳站立，非支撐腳在身體前側上下擺盪。

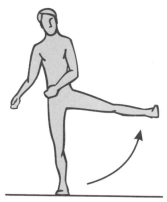

【圖28.2】單腳站立，非支撐腳在身體外側上下擺盪。

5

【圖28.3】單腳站立，非支撐腳在
身體後側上下擺盪。

【圖28.4】翹翹板：單腳站立，軀體前
彎，雙手觸地，非支撐腳同時伸直抬
向空中，放下回到地板上時，上半身
也同時回到立正姿勢。

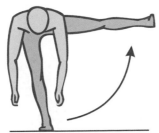

【圖28.5】先採取直膝硬舉的預備
姿勢，把重量移到一隻腳上，非支
撐腳在身體外側上下擺盪。

【圖 28.6】動作同【圖28.5】，但非
支撐腳改在身體後側上下擺盪。

跪姿的訓練方式

【圖 28.7】單腳跪地,非支撐腳在身
體前側上下擺盪。

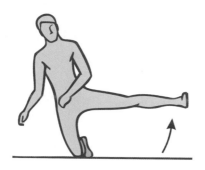

【圖 28.8】單腳跪地,非支撐腳在
身體外側上下擺盪。

【圖 28.9】單腳跪地,非支撐腳在身
體後側上下擺盪。

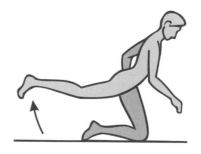

5

　　【圖28.10】～【圖28.35】的動作都是在地板上進行，因此在進行這些訓練時能更加放鬆身體的其他部位，把能量集中在臀部的動作上。這些訓練由不同的「姿勢」所組成，包括面朝上、朝下的各種支撐姿勢，這些動作也可以藉由跳箱或健身球（exercise ball）輔助來提升動作的難度。

躺姿的訓練方式

　　下面的動作都是躺在地面上的姿勢，臀部上下移動時掌心朝上，不要用手掌撐地，手臂只要放鬆伸直置於身體兩側即可。

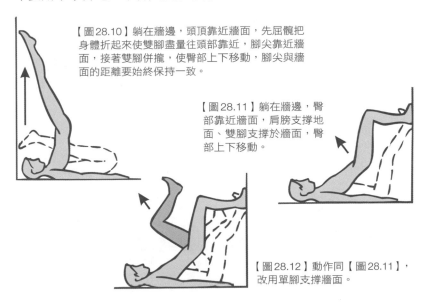

【圖28.10】躺在牆邊，頭頂靠近牆面，先屈髖把身體折起來使雙腳盡量往頭部靠近，腳尖靠近牆面，接著雙腳併攏，使臀部上下移動，腳尖與牆面的距離要始終保持一致。

【圖28.11】躺在牆邊，臀部靠近牆面，肩膀支撐地面、雙腳支撐於牆面，臀部上下移動。

【圖28.12】動作同【圖28.11】，改用單腳支撐牆面。

【圖28.13】用肩膀與雙腳支撐地面，臀部
上下移動。

【圖28.14】動作同【圖28.13】，改用單
腳支撐地面，一隻腳抬起成90度。

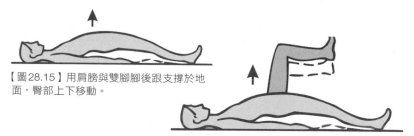

【圖28.15】用肩膀與雙腳腳後跟支撐於地
面，臀部上下移動。

【圖28.16】動作同【圖28.15】，改用單腳腳後跟支
撐地面，一隻腳抬起成90度。

臥姿的訓練方式

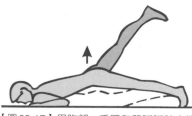

【圖28.17】用胸部、手臂和單腳腳趾支撐
於地面，另一隻腳抬高，臀部上下移動。

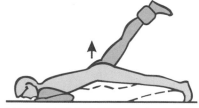

【圖28.18】動作同【圖28.17】，在非支
撐腳上增加負重。

5

採伏地挺身預備姿勢的訓練方式

下面的動作並非伏地挺身，只是在伏地挺身的預備姿勢下，進行臀部上下的動作，所以手肘都不要彎曲。

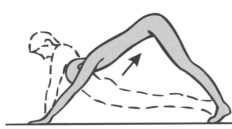

【圖28.19】用雙手手掌與雙腳腳掌支撐於地面，臀部上下移動。

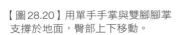

【圖28.20】用單手手掌與雙腳腳掌支撐於地面，臀部上下移動。

【圖28.21】用雙手手掌與單腳腳掌支撐地面，非支撐腳向上抬高，臀部上下移動。

【圖 28.22】用單手手掌與對側的腳掌
支撐地面，非支撐腳向上抬高，臀部
上下移動。

【圖 28.23】用單手手掌與同側的
腳掌支撐地面，非支撐腳向上抬
高，臀部上下移動。

【圖 28.24】用雙手手掌與單腳腳掌支
撐地面，非支撐腳向外側抬高，臀部
上下移動。

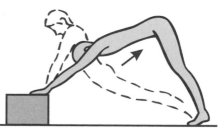

【圖 28.25】手掌支撐在階梯或跳箱上
面，重複【圖 28.19】～【圖 28.24】的
動作。

5

面部朝上的訓練方式

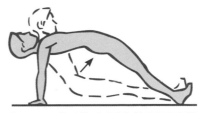

【圖28.26】用雙手手掌與雙腳腳跟支撐地面，臀部上下移動。

【圖28.27】用單手手掌與雙腳腳跟支撐地面，臀部上下移動。

【圖28.28】用雙手手掌與單腳腳跟支撐地面，非支撐腳向上抬高，臀部上下移動。

【圖28.29】用單手手掌與對側的腳跟支撐地面，非支撐腳向上抬高，臀部上下移動。

【圖28.30】用單手手掌與同側的腳跟支撐地面，非支撐腳向上抬高，臀部上下移動。

【圖28.31】用雙手手掌與單腳腳跟支撐地面，非支撐腳向外側抬高，臀部上下移動。

【圖28.32】用雙手手掌與單腳腳跟支撐地面，臀部離地，以非支撐腳向側邊左右扭轉。

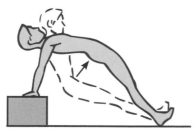

【圖28.33】手掌支撐在階梯或跳箱上面，重複【圖28.26】～【圖28.32】的動作。

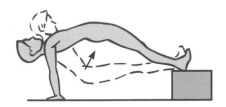

【圖28.34】腳跟支撐在階梯或跳箱上面，重複【圖28.26】～【圖28.32】的動作。

【圖28.35】手掌與腳跟皆支撐在階梯或跳箱子上面，重複【圖28.26】～【圖28.32】的動作。

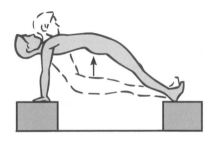

第28章
臀部的訓練方式

　　上述這些練習可以使你更深刻體會到臀部在所有動作中所擔負的任務為何。練習時你會發現有些動作強調臀部與身體各部分的連結，有些則不太明顯，似乎只連結到上半身或下半身，因此你可以藉由這些練習來了解臀部在各種動作中的任務。藉由這些動作，你也會更加清楚地意識到臀部在整合各部位扮演多麼重要的角色。

　　接下來，【圖28.36】～【圖28.40】將介紹一系列鍛鍊側臀與側腹的動作，目的仍在增進跑步的整體性與關鍵姿勢的平衡感。

側姿的訓練方式

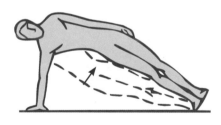

【圖28.36】單手掌、雙腳併攏支撐地面，臀部上下移動。

【圖28.37】單手掌、同側腳腳掌支撐地面，非支撐腳向上抬高，臀部上下移動。

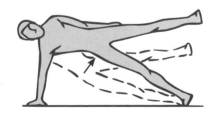

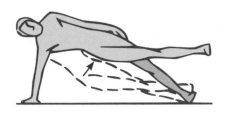

【圖28.38】單手掌、對側腳腳掌支撐
地面,非支撐腳向上抬高,臀部上下
移動。

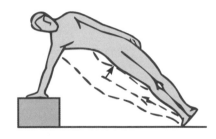

【圖28.39】手掌支撐在階梯或跳箱上面,
重複【圖28.36】～【圖28.38】的動作。

【圖28.40】手掌支撐在藥球上面,重複
【圖28.36】～【圖28.38】的動作。

　　【圖28.41】～【圖28.69】的動作需要夥伴幫忙才能完成。目的是
加入「不穩定」的元素,藉以強迫你的臀部必須隨時依情況調整,才
能順利完成這些練習。因為你的夥伴用手抓住你的腳時,絕不可能完
全穩定不動,因此你的臀部必須更有力,才能隨時修正不穩定的情

第28章
臀部的訓練方式

況，就像你在「真實世界」裡跑步一樣。除此之外，後面還有另一種練習方式，是當你在做某些動作時，你的夥伴會在你身體的特定部位施加阻力，那阻力必須依照你的需求來調整。在這裡，我們不考慮負重帶與彈力繩，因為你的夥伴可以視你當時的狀況來幫助你練習，更即時地調控阻力大小，引導你的移動方向、速度與頻率。這樣訓練起來的效果更好。

面部朝上，夥伴手臂支撐的訓練方式

【圖28.41】雙手手掌支撐地面，夥伴抓住雙腳腳踝，臀部上下移動。

【圖28.42】單手手掌支撐地面，夥伴抓住對側腳腳踝，臀部上下移動。

【圖28.43】單手手掌支撐地面，夥伴抓住同側腳腳踝，臀部上下移動。

【圖28.44】雙手手掌支撐地面，夥伴抓住單腳腳踝，非支撐腳外側邊抬高，臀部上下移動。

面部朝下，夥伴手臂支撐的訓練方式

【圖28.45】雙手手掌支撐地面，夥伴抓住雙腳腳踝，臀部上下移動。

第 28 章
臀部的訓練方式

【圖 28.46】單手手掌支撐地面，夥伴抓住對側腳腳踝，臀部上下移動。

【圖 28.47】單手手掌支撐地面，夥伴抓住同側腳腳踝，臀部上下移動。

面部朝上，夥伴在腹部施加阻力的訓練方式

【圖 28.48】用雙手手掌與雙腳腳跟支撐地面（夥伴於肚臍處施加阻力），臀部上下移動。

5

【圖28.49】用單手手掌與雙腳腳跟支撐
地面（夥伴於肚臍處施加阻力），臀部
上下移動。

【圖28.50】用雙手手掌與單腳腳跟支撐
地面，非支撐腳向上抬高（夥伴於肚臍
處施加阻力），臀部上下移動。

【圖28.51】用單手手掌與對側腳腳跟支
撐地面（夥伴於肚臍處施加阻力），臀
部上下移動。

【圖28.52】用單手手掌與同側腳腳跟支
撐地面（夥伴於肚臍處施加阻力），臀
部上下移動。

【圖 28.53】用雙手手掌與單腳腳跟支撐地面，非支撐腳向外側抬高（夥伴於肚臍處施加阻力），臀部上下移動。

【圖 28.54】動作同【圖 28.48】，改用雙手手掌支撐在階梯或跳箱上面。

【圖 28.55】動作同【圖 28.49】，改用單手手掌支撐在階梯或跳箱上面。

【圖 28.56】動作同【圖 28.50】，改用雙手手掌支撐在階梯或跳箱上面。

5

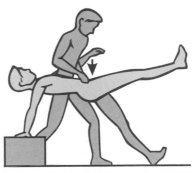

【圖28.57】動作同【圖28.51】，改用單手手掌支撐在階梯或跳箱上面。

【圖28.58】動作同【圖28.52】，改用單手手掌支撐在階梯或跳箱上面。

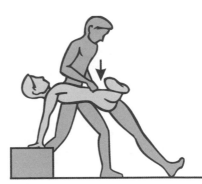

【圖28.59】動作同【圖28.53】，改用雙手手掌支撐在階梯或跳箱上面。

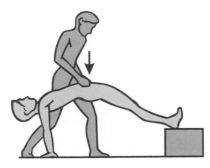

【圖28.60】動作同【圖28.54】，改用雙腳支撐在階梯或跳箱上面。

第28章
臀部的訓練方式

採伏地挺身預備姿勢，夥伴在臀部施加阻力的訓練方式

【圖28.61】雙手手掌支撐在階梯或跳箱上面，雙腳腳掌支撐地面（夥伴於臀部施加阻力），臀部上下移動。

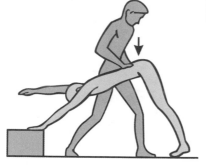

【圖28.62】動作同【圖28.61】，改用單手手掌支撐。

【圖28.63】動作同【圖28.61】，改用單腳撐地。

204

5

【圖28.64】動作同【圖28.61】，改用單手與對側腳撐地。

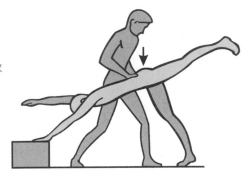

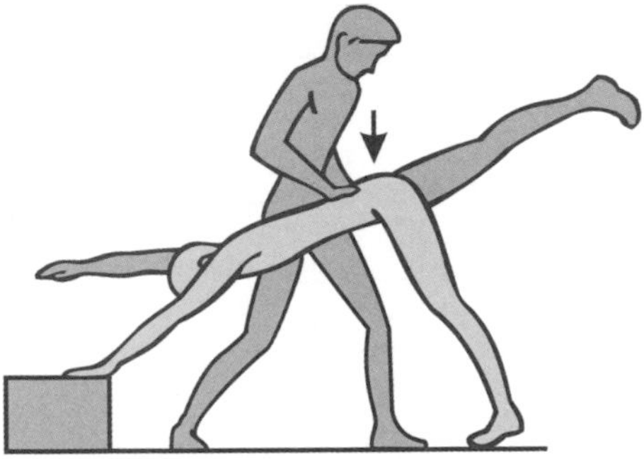

【圖28.65】動作同【圖28.61】，改用單手與同側腳撐地。

【圖28.66】動作同【圖28.61】，改用單腳撐地，非支撐腳向外側抬高。

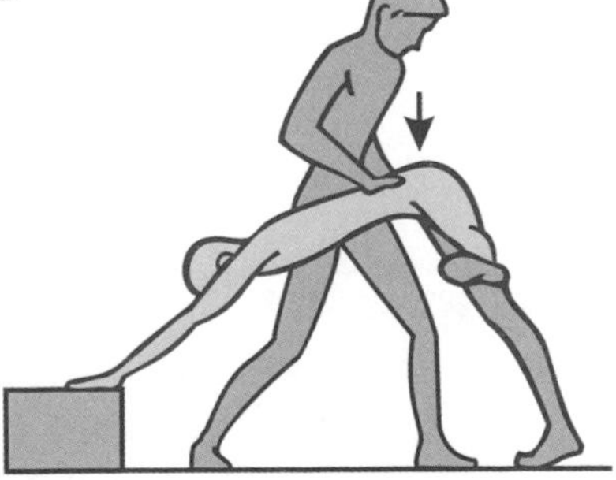

第28章
臀部的訓練方式

採側姿，夥伴在側腹施加阻力的訓練方式

【圖28.67】單手掌、雙腳併攏支撐地面（夥伴於側腹施加阻力），臀部上下移動。

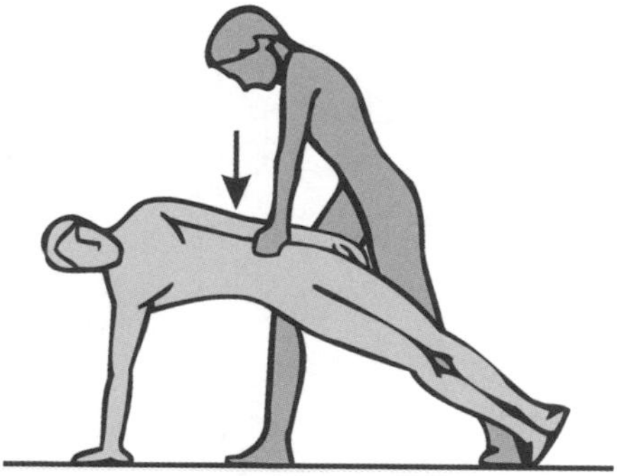

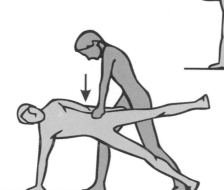

【圖28.68】單手掌、同側單腳腳掌支撐地面，非支撐腳向上抬高（夥伴於側腹施加阻力），臀部上下移動。

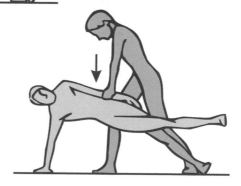

【圖28.69】動作同【圖28.68】，改用對側單腳腳掌支撐地面。

第29章
拉起的訓練方式

　　拉起的動作主要是由腿後肌群來完成，它是身體裡最大塊的肌肉，必須負責讓身體回到「關鍵跑姿」。因為「關鍵跑姿」是能夠讓你向前落下的最佳姿勢。當身體以「關鍵跑姿」向前自由落下時，體重也跟著從支撐腳上釋放，接著，拉起開始。在拉起時，腿後肌群所花的力氣比其他任何肌肉都還要大，所以必須好好鍛鍊。本章介紹的動作可以有效訓練到腿後肌群，但訓練時不要刻意用它發力，只專注在動作本身就好。訓練拉起的力量不只是為了提高成績，也為了避免受傷。最佳的拉起訓練是那些能夠動態整合你跑步技術中的動作。

　　【圖29.1】～【圖29.3】是在健身器材上從事拉起的訓練，比較容易，因為你不需要顧慮平衡與身體其他的動作。而且，由於你可以自行調整健身器材上的重量，所以練習起來比較安全。但也因為相同的原因，它會限制你的能力，因為平衡和整合其他肌群的能力畢竟在跑步中仍相當重要。接下來的動作，你最好循序漸進，先從健身器材上開始，直到你熟練之後再進到下一個階段。

在健身器材上的訓練方式

【圖29.1】屈腿。

【圖29.2】屈腿。

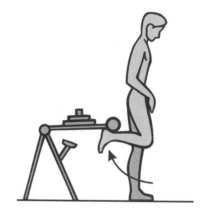

【圖29.3】一腳站立,另一腳彎曲。

接下來【圖29.4】～【圖29.6】是在腳踝綁上負重的練習,你必須自己控制平衡、速度和移動方向的穩定性。做這些練習時請專注在動作上,而不要在意用哪一塊肌肉發力。從【圖29.7】～【圖29.19】當你把負重改成彈力繩之後,由於移動時彈力繩的阻力會把你從平衡狀態拉開,動作會更難掌控。然而,藉由這些練習,你更能強化自己的平衡感與協調性。

5

負重練習的訓練方式

【圖29.4】一隻腳支撐在台階或跳箱上，非支撐腿綁上負重，在臀部正下方拉起腳掌。

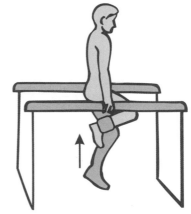

【圖29.5】雙手撐在雙槓上，雙腳騰空，單腿綁上負重，在臀部正下方拉起腳掌。

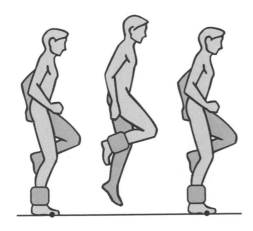

【圖29.6】在支撐腿綁上負重，以「關鍵跑姿」平衡站好之後，支撐腳腳掌向臀部拉起。

腳踝綁上彈力繩的練習方式

【圖29.7】採臥姿臉朝下，腳掌朝臀部拉起。

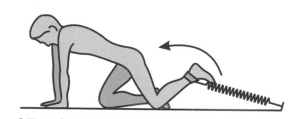

【圖29.8】伏地挺身預備姿勢，雙手手掌與雙膝支撐於地面，腳掌朝臀部拉起。

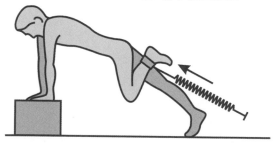

【圖29.9】伏地挺身預備姿勢，雙手支撐於台階或跳箱上，單腳撐地，非支撐腳腳掌朝臀部拉起。

【圖29.10】面部朝上，雙手手肘撐地讓上半身抬高，彈力繩固定處與腋下齊高，腳掌朝臀部拉起。

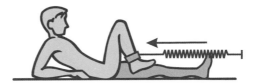

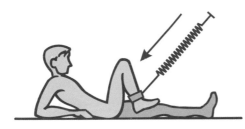

【圖29.11】動作同【圖29.10】，但把彈力繩改固定在高於頭部的位置。

【圖29.12】採躺姿，雙手手掌與單腳撐地，臀部離地，腳掌朝臀部拉起。

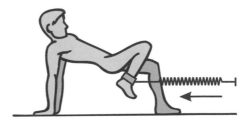

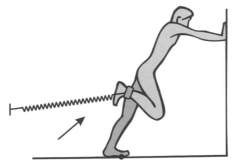

【圖29.13】採站姿，身體前傾，雙手手掌支撐在牆面上，身體維持「關鍵跑姿」，腳掌朝臀部拉起。

第29章
拉起的訓練方式

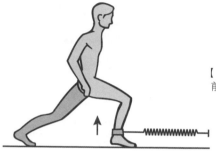

【圖29.14】採弓箭步站姿，彈力繩固定於前方，與腳踝齊高，腳掌朝臀部拉起。

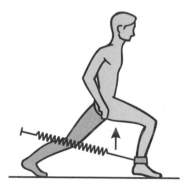

【圖29.15】動作同【圖29.14】，但改把彈力繩固定於身體後方，與膝蓋齊高。

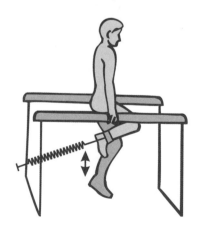

【圖29.16】雙手撐在雙槓上，雙腳騰空，把彈力繩固定於身體後方和單腳腳踝上，腳掌朝臀部拉起。

5

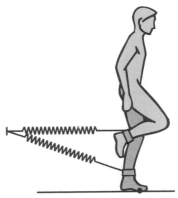

【圖29.17】以「關鍵跑姿」保持平衡,把彈力繩固定在身體後方,與膝蓋齊高,雙腳皆綁上彈力繩,在原地練習轉換支撐的動作。

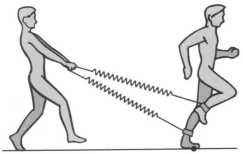

【圖29.18】以「關鍵跑姿」保持平衡,改由訓練夥伴拉住彈力繩,透過身體前傾失衡來進行轉換支撐的動作。

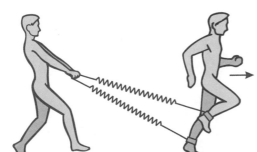

【圖29.19】動作同【圖29.18】,直接向前跑。

【圖 29.20】以「關鍵跑姿」維持平衡，訓練夥伴在腳踝上施加阻力，阻力的方向要引導跑者拉起的動作是朝向臀部。

　　就像前一章的練習一樣，利用夥伴直接以手臂施加阻力，這種訓練方式能及時配合你調控阻力大小，也能引導你使力的方向，讓你做出正確的動作。這種「智能」的阻力調控訓練，特別適合用在需要微調動作和力量訓練時。

【圖 29.21】以雙手與單腳撐地，臀部上抬，使大腿、臀部、軀幹與頭部呈一直線，訓練夥伴在腳踝上施加阻力，阻力的方向要引導跑者拉起的動作是朝向臀部。

第30章
把力量訓練加進你的課表中

沒有智慧掌控的力量，會被自身重量給壓垮。
——古羅馬抒情詩人賀瑞斯

　　現在你應該很清楚地了解到，特定的力量訓練對跑步的穩定度有很大的幫助，但你必須小心地用正確方法來鍛鍊。基本上，力量訓練可依階段性分為四期：適應期（adaptation）→發展期（development）→維持期（maintenance）→恢復期（recovery）。它們的不同點在於「強度」與「重複次數」，你可以依不同強度來操作前面幾章所列舉的任何動作。

　　「適應期」是為了讓跑者學習動作與適應新的壓力；「發展期」的訓練量最大，動作難度與強度都比較高，組數也會比較多。「維持期」會維持強度，但在重複次數與組數上都會降低，「恢復期」則會降低強度與困難度。

　　如果你是第一次從事力量訓練的跑者，在學習這些動作時必須非常小心，尤其當你從未面對過的壓力施加在你身上的時候，受傷的風險會提高，所以需要先經過「適應期」。所以在試圖提高強度與困難度的「發展期」之前，你應該先花幾個月的時間來適應這些動作，否則在變強之前你可能會先使自己受傷。

　　從這點來看，你最好先從「適應期」開始，之後再逐步進展到「發展期」，這樣一來，當強度拉高時你不會覺得太辛苦。還有，如果你已經很久沒有做力量訓練，建議你先從一些慢速的初階動作開始。總之，不要一開始就太過躁進。一般來說，當你在力量的「發展期」，每星期應該安排兩到三次的力量訓練，而且盡量不要加入其他的練習，在那兩三天中專心鍛鍊力量就好。進入到「維持期」時就可

第30章
把力量訓練加進你的課表中

以加入其他的跑步訓練。

不同時期的力量訓練也有不同的意義，當你在跑量很大的時期，每天的里程數或強度都很高，你仍應該把力量訓練排入課程裡。但此時力量訓練的目的在於恢復，它可以幫助你的肌肉在艱苦的訓練後減少疼痛和緊繃感。

在發展期階段，每週三次的力量訓練應該分別針對特定的身體部位。最好三次分別針對腿部、上半身、核心部位(下背部與腹部)來訓練。針對腿部的訓練之後，要完全休息一天，這樣你的腿才能藉由休息獲得恢復與變強的機會。一定要充足休息之後才可以再進行跑步訓練。

記住：這一章的關鍵字是「發展」。健全發展的關鍵在於休息與恢復。有太多的跑者以為休息日是在浪費時間。千萬別掉進陷阱。休息，可以讓你之前所有辛苦的訓練成果吸收進你的身體裡。如果你沒有給身體恢復的時間，只是一天又一天地折磨它，你不但無法從艱苦的訓練中回收到最佳的成果，反而到最後讓身體崩潰。花時間休息與恢復跟花時間訓練一樣重要。

在發展期階段，每一次的組數可以固定，但重複次數最好要有十次之多，而且要逐漸增加強度。根據你所做的訓練項目，可以做一到五組，或是增加一些鍛鍊肌肉彈性的彈跳動作。

在循環訓練期間，注意你身體的感覺。你可能會覺得身體的某些部位特別緊繃，但小心別超出極限而讓肌肉受傷。經過幾次訓練之

5

後，你就會認清自己各部肌肉的限制，而這也正是你準備跨過那道限制提高能力的時候。

當你來到維持期，之前每週在發展期所鍛鍊的部位，這時最好也持續，但可以在力量訓練項目中加入各種跑步練習動作，例如在長跑十公里訓練的折返點，停下來休息幾分鐘，然後做幾個彈跳動作。既然現在是維持期，訓練量就不要太大。以彈跳訓練來說，你還是可以跳到十下，但組數不要超過三組。

同樣地，你也可以利用你家附近公園的健身器材，或是找個適合進行背部與腹部核心訓練的草地。當你把力量訓練放進跑步訓練中，能讓你更專注在跑步過程中，不用再去想一天計畫要跑多少公里，這樣的訓練反而有趣多了。跑步的去程，你可以先進行舒服的節奏跑，之後迅速完成幾個關鍵的力量訓練；接著在跑回程途中，就可以把力量訓練的效果整合到快節奏的跑步訓練中。力量搭配跑步的訓練方式在開發知覺方面具有相當實際的效益。

最後，當你來到賽季時，這是你讓肌肉休息的時候。一般來說，選手在比賽的前一週都會跑少一點，減少里程數，但其中的一、兩天會從事高強度的訓練，以適應比賽強度。此時力量訓練的目的就是在恢復。你可以在高強度的跑步訓練後，做幾組比較簡單的動作，緩和肌肉的疲勞，讓它們恢復到正常的狀態。

如果在高強度的訓練之後，沒有做緩和運動直接休息，或直接去沖澡，你的肌肉會很亢奮，神經末梢也還持續處在觸發狀態，代謝系

統也不會馬上停下來。因此，最好在高強度的訓練之後，結合走路、慢跑和一些簡單的力量動作來讓身體緩和下來。

要注意的是，一旦你在發展期的訓練階段，覺得自己的肌肉過於疲勞或疼痛，你就必須開始調整心態，不要再操勞你的肌肉，讓身體休息，去感覺你的肌肉與組織在身體裡逐漸恢復。當你剛運動完還穿著跑鞋時，正是最好的恢復時機，此時恢復的效果絕對比你馬上去沖澡或躺在沙發上看電視還好。你必須趁著那個時間點做些緩和運動。

另外，也不要忘記在比賽後慢慢走與做一些緩和操。也許你會想趕快去主辦單位提供的攤位上拿東西吃，或是想大口喝冰涼的飲料或啤酒。但請先花時間好好照顧自己的身體。

談到這裡，我們可以簡單做個歸納：「發展期」應該在比賽好幾個月以前，那是準備階段；在比賽前一個月左右開始進入「維持期」；最後一到二週進入「恢復期」。但這些只是理論上的概念，你不用太刻意去遵守這些規定，因為人生與訓練中總是有許多變數。你要去判斷哪一階段的力量訓練比較適合現在的自己，然後依照需要做調整，尤其是在你受傷或是被生活中其他瑣事牽絆時。

假設你在夏天有兩場重要的比賽要準備，分別在夏初與夏末。在這樣的情況下，你當然要在第一個比賽中把自己調整到巔峰。第一個比賽結束後，先回到發展期四到六週，接著在目標賽事前四週調整到維持期，最後再減量進入恢復期。

如果你真的想要進步，就必須認真把鍛鍊力量當成訓練的一部

5

分，不要認為它只是「額外」的訓練，也不要認為自己沒有太多時間做這樣的訓練。力量的發展是整體跑步訓練中的一部分，它的必要性就跟你在道路上累積里程數一樣重要。

第31章
沙灘練跑

　　全世界有數百萬的跑者居住在看不見海洋的內陸地區，他們對沙灘跑步多少存有一點「浪漫」想像。在海洋與陸地的交界處跑步時，我們會有一種親近原始的滿足感，而且在練習完成後把身體浸到海水裡，那種接受天然海水洗禮後逐漸冷卻的快活感，是你在沙灘上練跑後獲得的樂趣。但要提醒你，實際上還有各種類型的沙灘，在某些沙灘練跑時可沒有你想像中那樣美好，它可能會是你經歷過的艱難練習之一（【圖31.1】）。

【圖31.1】沙灘練跑。

　　位於佛羅里達州（Florida）的德通納海灘（Daytona Beach）是世界上著名的沙灘之一，沙灘表面緊密硬實，連車子都可以在上面行駛，但這種海灘非常稀少。所以你比較可能找到的練跑場域是更鬆軟一點，跑起來腳掌會陷進去的那種沙灘。在這種沙灘上練跑很辛苦，卻可以大大幫助你掌握「姿勢跑法」，也可以強化你的肌肉與韌帶、增加關節的穩定度、培養有氧能力、使腿部肌群均衡發展等等好處。最重要的功能是，它可以磨練腳掌著地時的各種技巧。

5

　　在沙灘上練跑之所以有這麼多效益，全是因為沙灘的表面不穩定，在沙灘跑步時，腳掌會陷進沙子裡，或是滑到無法意料的方向去，而且拉起腳掌的難度也更高，這種種情況會迫使你的腳掌探尋著地時的最佳方式。

　　除此之外，在沙灘上你也不太可能向前跨大步來跑。如果你在練習「姿勢跑法」時碰到許多困難，像老是用腳跟著地、滾動腳掌（腳掌與地面的接觸點從腳後跟到足弓再到腳尖的跑法）、蹬地把身體往前推，你會發現在沙灘上練跑時，這些改不掉的壞習慣很快就被克服了。你可以藉此去「感覺」正確的跑步技術。因為在沙灘上，如果你還是腳跟先著地、滾動腳掌，最後又企圖蹬地向前的話，你的每一步都必然使腳掌深陷沙中。但如果你每一步落在接近臀部下方，腳掌一著地就拉起來，以「姿勢跑法」所強調的及時「上拉」來跑，腳掌就不會陷得太深，你將可以在沙灘上輕快地向前跑。

　　赤腳在沙灘上練跑學習效果會更好。因為除去鞋襪後，腳的反應度會大幅增加，腳下的感受會變得更加鮮明，這使你較容易去糾正錯誤的習慣與改善技巧。

　　在沙灘上練跑並不容易。在一開始練習時，你不要把它當成在「練跑」，而是一種可以幫助你跑得更好的動作練習。所以不要去測量時間或計算跑了多遠，這些都沒有意義，因為沙灘跑的主要目的是在訓練相關肌群以及培養正確的跑步技術。剛開始小腿和股四頭肌難免會有點疲勞，但你要知道這代表你的肌力正在發展。還有，跑起來

第31章
沙灘練跑

會很喘也是可以預期的，這種情況很可能會使你再也不敢在沙灘上練習了。你可以停下來幾分鐘，休息一下，直到你調適過來再開始跑都沒關係。一開始你要花點時間來適應。氣喘吁吁代表你練習得很認真，你也能透過這樣的練習提升心肺能力（雖然這不是沙灘跑的主要目的）。

剛開始在沙灘跑的時候，你可能跑一小段後就得停下來，氣喘吁吁地走一下。不過最好還是繼續以跑步行進，直到你覺得已經無法維持正確的跑步技術為止。千萬別在跑步技術走樣下繼續跑。當你的技術與力量提升之後，在沙灘上你也可以結合不同的練習方式，比如來個LSD長距離訓練、間歇或衝刺跑。

你可以每週在沙灘上跑兩次，或是把它當成每年一兩次的特訓，這要依據你自身的情況。如果你家離海邊很遠，或者附近根本沒有可以跑步的沙灘，或許可以在一年之中選幾天開車到美麗的沙灘上，當成度假，也做為移地訓練。

如果你常在各種沙灘上練跑，你可能會變成沙灘跑的行家。你可以到北卡羅萊納州外灘（Outer Banks of North Carolina）最具挑戰性的沙洲去練跑，或是特地去佛羅里達州中部（Central Florida）找尋如糖粒一般細的沙灘來練習，或是你特別喜歡加州北部的卵石灘。在你辛苦練跑的同時也能享受沙灘的美，沒有什麼不好。

最後，在這裡必須提出一則關於在沙灘上練跑的警告。在沙灘上練習對跑者的好處在於有助於平衡肌肉與強化結締組織。但要注意，

5

因為沙灘向海裡延伸，所以會有傾斜坡度，如果你只跑同一個方向，
身體會下意識地去適應傾斜的地勢，反而會造成受傷。所以盡量以來
回跑的方式進行，或是到離海邊遠一些，地勢比較沒那麼傾斜的沙灘
練習。

第32章
上坡跑與下坡跑

在美國，即使那些從來沒跑過步的人，可能也聽說過「心碎坡」（Heartbreak Hill）的可怕，它最能使人聯想到人類一往無前挑戰自然的精神。在所有的跑步經驗中，在坡道上跑步，就和跑鞋、跑衣和「跑者的愉悅感」（runner's high）一樣，都屬於跑步的一部分。

很多跑者在規畫練跑路線時都會盡量避免討厭的坡道，只有少數跑者會把坡道訓練當成進步的好機會。除了少數例外，這群不怕在坡道上練跑的人包括很多優秀的跑者。好的坡道就像是瞬息萬變世界裡的常態一樣，它是個可計量、可重複、卻又頑強的挑戰。在坡道上可以測出真正的實力，可以幫助那些自我感覺良好的人認清事實。

但對那些想要練熟「姿勢跑法」的人來說，在坡道上練習時一定會引發一個大疑問：「我該如何用『姿勢跑法』跑上下坡呢？」這也是跑者最常提到的問題。原本在平路上是容易的動作，在坡度改變後就開始變得令人困擾。

【圖32.1】上坡跑。

特別在跑上坡的時候，似乎違背了「姿勢跑法」的邏輯。因為「姿勢跑法」的原理是把重力轉換成水平前進的動力（【圖32.1】），所以有人會想如果向上跑，開始「對抗」重

5

力，那該如何在跑上坡時「運用」重力前進呢？這是一個有力的提問。為了尋找答案，我們可以先進入森林裡尋找砍樹的技巧。

如果你曾經接下清理一整面山坡的工作，一開始你就會面臨相同的問題。換個方式來提問：該如何在砍倒一棵樹時讓它往山頂的方向倒下呢？依邏輯上的常識來說，你會認為被砍倒的樹當然會往山下的方向倒，然後從山上滾下去。事實上，你想讓山坡上的樹倒向任何一方都可以，要辦到很簡單。在砍樹之前，你先拿個小斧頭在最底部靠近樹根的地方劈出一塊楔形缺口，缺口所面對的就是你想要樹倒下的方向。在你所期望它倒下的方向劈出缺口之後，繞到樹的另一面，開始一點一點朝那個缺口方向劈（或鋸）。

當你鋸到缺口的邊緣時，樹的重量會落在缺少支撐的缺口上，因而順利往你決定的方向倒下。再容易不過了！

相同的原理也可以用在上坡跑。跑步時你的身體始終得保持微微前傾。事實上，當你把腳掌從地面拉起來時，就是在體重與你想前進的方向之間製造「缺口」。因此，跑步的動力加上身體前傾會讓重力繼續幫助你前進，讓你很自然朝上坡的方向一步一步向前落下。

這並不是說跑上坡是一件容易的事。在物理力學上，你仍要把身體的重量往重力的反方向移動。但至少你還是能有效地利用重力，讓它幫助你前進。

上坡跑的價值在鍛鍊你跑步的肌力和掌握「姿勢跑法」的要領。由於為了使身體持續向上移動，進入上坡路段時你必須要維持或甚至

第 32 章
上坡跑與下坡跑

加快步頻，相對來說就是要縮短步伐，也代表你的腳掌得更快從地面向上拉起。當支撐腳愈快拉起，腿部所需耗費的力量就會愈少。

上坡跑是徹底發揮你肌肉彈性的最好時機，同時也可以開發拉起腳掌的知覺。值得注意的是，一旦你確實地了解上坡跑的技巧之後，它會變成你精神層面上的重要武器，因為上坡對你而言不再代表障礙，反而成為你探求技術的機會，也讓你在面對其他對手時更具優勢。

聽起來簡直棒透了！但下坡跑呢（【圖32.2】）？畢竟，波士頓馬拉松中有太多經驗老道的跑者都覺得，去程的時候心碎坡雖然陡卻可以忍受，但回程時那可怕的下坡可把身體震得傷痕累累啊！最危險的是，大家都以為跑下坡比較輕鬆。在艱苦

【圖32.2】下坡跑。

爬上坡頂之後，你會很自然地鬆一口氣，然後享受下坡的快感。

接著你勢必會在下坡的時候，邁開步伐、加大步幅，同時你每一步落地時都會發出較大的砰砰聲，上下震動的幅度也會更明顯（【圖32.3】）。上述這些情況發生時，你的脊椎和全身關節都會受到更大的衝擊力，你的身體會送出壓力過大的訊號給肌肉與結締組織，接著大腿前側的股四頭肌就會接下任務，開始阻止下坡時不斷加快的速

度。你的身體突然處於剎車狀態，一開始看起來似乎可以讓人暫鬆口氣的下坡跑，在這時變成一種酷刑。難怪每次波士頓馬拉松最後六英里大家的表情看起來都很痛苦。

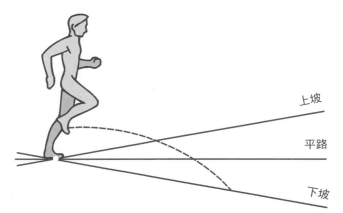

【圖32.3】跑步時步伐的長短會依據坡度而改變。與平路相比，在下坡時步伐較長，上坡時步伐較短。

　　在面對下坡路段的挑戰時，心理上不能因為是下坡就覺得很放鬆，要先持續地把注意力放在自己的動作上，重心放低，專心抓好拉起腳掌的時機。任何額外的垂直震幅都會增加身體的負擔，所以無論如何一定要避免「跳動」。不要讓你的腳往身體的前方伸，腳掌仍要在接近身體的正下方著地。還有，不要因為下坡太快，身體的角度就跟著偏離。身體保持挺直，減少向前傾的幅度，如此可以減少腿部的衝擊，身體也會比較穩定，不會像失去控制的列車一直加速往前衝。

第 32 章
上坡跑與下坡跑

下坡跑的訓練方式有助開發「落下」的知覺。因為下坡跑時，雙腿的負擔變小，你可以更輕易地體會到腳掌不是使力往下踩而是隨著身體自然向下落的知覺。在平地跑時，你很難分辨腳掌是自然落下還是主動出力往下踩，但下坡時卻有助於加強腳掌落下時的放鬆感受。一旦你從下坡跑中領悟到重力自然會把你的腳掌帶到地面的感覺，你就可以把這種感覺轉換到平路中。

如同其他力量訓練項目一樣，到底該在訓練計畫中加入多少坡道練習呢？那要依據你居住的地域而定。在平坦的城市，你可以利用橋梁、高架道路或體育場的階梯來做上坡與下坡跑的訓練。但對於居住在山上的人來說，他們會避免一直在坡道上跑，反而會尋求住家附近的一小段平路來練習。

不管你自身的情況如何，每週至少要計畫一次以上的坡道訓練，否則那週的訓練就不算完整。在有自信把「姿勢跑法」的技術用在上坡與下坡之前，先跑慢一點，將重點放在技術動作上。掌握到要領之後，你可以開始增加距離與速度，直到你像山羊般在坡道上自在地上下跑動，這時你就可以測試十公里，看看你新學技術能展現出怎樣的具體成績。

第33章
越野跑

　　越野跑也許是人類最能展現純粹跑步狀態的時候。在野地的小徑上，你可以追隨費迪皮迪茲（Phidippides）的腳步。想像自己是一位獵人或採集者，融入在大自然裡（【圖33.1】）。離開都市的人行道，遠離汽車與有害的廢氣，使身體進入森林的芬多精或是荒涼野地的光景之中。你會覺得自己是要去一個地方，而不是在跑步，而且單調辛苦的感覺會被冒險的心情所取代。如果你家後門有個美麗的荒野小徑，對於跑者來說那是多麼幸福的事啊！

　　撇除心靈上的好處不談，越野跑對身體也很有幫助。一般的柏油路、人行道或操場跑道的路面都非常平整，但荒野中的路面通常凹凸

【圖33.1】在大自然裡越野跑。

第33章
越野跑

不平，而且有彎道、石頭或樹根，上下坡也絕對避免不了。也就是說，在荒野裡你無法預測每一步腳掌落地時的情況，因此需要一些特別的條件，才能在野地中好好地跑。比如說，盡量以短步幅、高步頻來跑，而且還要有敏銳的知覺。為了在小徑上能不斷適應方向的改變與不穩定的路況，你的腳步要放得特別輕，身體要保持放鬆，不能過於緊繃。

支撐腳停留在地面的時間不能太長，因為太長容易滑倒或扭到腳，所以落地之後要盡快回到「關鍵跑姿」，才能盡快把支撐腳的體重移開，這些都是越野跑時應該注意的。這些情況會引導你用正確的方式著地，並充分鍛鍊到肌肉的彈性。在荒野裡要保持警覺性，隨時準備迅速移動腳步，如此一來，你就可以安全地在野地練跑，而不會扭傷腳踝。

此種必須不斷應付不同路面的練習方式，可以開發身體動作系統的柔軟度與反應能力，並訓練神經肌肉系統，隨時準備好去面對你可能遭遇到的狀況。

越野跑還能在無形中為身體帶來不少好處。在那種你可以精準控制每一步落點的路面上練習，肌肉和結締組織的訓練成果可能都會照你所想的，以線性的方式成長。在直線前進的平坦道路上練久了的確會愈來愈強，但如果你一直在相同的路面上練習，也會限制應變能力的發展。因為在路上奔跑隨時可能發生意外，你也許會忽然踩到路面的坑洞，或是被掉落的樹枝絆倒，也有可能踩到鬆動的石頭。

5

　　所以，如果能進行越野練習，對提升應變能力有很大幫助，受傷的機會也會降低。它能使你的肌肉、肌腱、韌帶與關節獲得全面的發展，在心理上也是很好的訓練。在野地中跑久了，任何突發狀況都難不倒你。

　　就像在沙灘與坡道上一樣，在野地裡練跑的次數與你的居住地點息息相關。如果你家後門就是未開發的森林，當然可以相對減少在柏油路上練跑的次數，把林間練跑當成每週的主要菜單。但是，如果你必須開車到很遠的地方才能找到適合越野跑的路線，那最好把它當成週末的長跑訓練，不但可以使你從日復一日的規律訓練中抽離開來，同時也能使你的心靈獲得休息。

　　總之，如果你的訓練菜單中完全沒有越野跑計畫，那你的訓練就不算完整。若能在訓練中加入較多的越野跑，你絕對會跑得更好。

第34章
赤腳跑

　　現代跑鞋的進步的確是一件很棒的成就，但它們也帶來一些問題。鞋子的廣告不斷宣傳它們的舒適性、穩定性，以及腳跟保護墊。這些特性聽起來都很讚，但其實這些附加特性多少摻雜了人為製造出來的假象，為的是掩飾不良技術所產生的結果。

　　更糟糕的是，使用太過強調保護腳跟的鞋款，真的會助長你的不良跑法。現在你已經了解正確的跑步技術應是前足先著地，而非腳跟。事實上，以腳跟先著地會造成傷害，因為那裡不是人類設計來跑步的部位。但現在的鞋子在腳後跟處加上又大又厚的緩衝墊，厚重得使跑者很難不以腳跟先著地。所以我才說現代的鞋款很容易助長錯誤的跑法。

　　脫掉你的鞋子找個平坦的路面跑跑看（【圖34.1】），接著你會很快了解想靠腳跟先著地來跑快並不聰明。因為只要稍微跑一小段路，就會很自然地縮短步伐，並以腳掌前緣先著地。

　　有趣的是，你可以仔細研究那些獲得驚人成就的非洲跑者，在過去的五十年中，他們已經主宰全世界各地的長跑賽事。從他們身上，你可以見識到很扎實的「姿勢跑法」。他們的技術不是與生俱來的，也沒有人教，而是因為這些非洲跑者在廣大陸地上只能靠雙腳移動，小時候又沒有鞋子可穿。從小赤腳跑步把他們引導到正確的技術上。

　　但是大部分西方世界的城市居民，幾乎從出生就穿著鞋子移動。如果你又是個剛接觸跑步的新手，當然不可能像一九六〇年以赤腳奪下奧運馬拉松金牌的伊索比亞跑者阿貝貝・畢奇拉（Abebe Bikila）

【圖34.1】赤腳跑步。

一樣，不穿鞋就能跑完42.195公里。但是赤腳跑的好處真的很多，所以先試著脫掉鞋子找個平坦的路面，以謹慎的心情跑跑看。

從生理學的觀點來講，赤腳跑能幫助你鍛鍊腳踝與腳掌的力量。跑者的穩定性並非由人為的鞋底來提供，而是強韌的肌肉、關節和結締組織。力量是要靠鍛鍊，而不是花錢買來的，透過鍛鍊才能大幅降低阿基里斯腱和足底筋膜受傷的可能性。

赤腳跑時可以更加清楚地體會：整個身體之所以能保持在適當位置穩定向前移動，主要是由於腳掌的落地位置正確。如果刻意向前跨步，當腳掌落在身體前方，以腳跟先著地，跑姿就會跟著走樣。但赤腳跑會迫使你以腳掌前緣先著地，而且從頭到腳都能穩定地保持在同一直線上。

赤腳跑可以把之前提到的細節逐漸整合在一起！使腳掌的落地點接近在臀部下方，身體保持在穩定的一直線上，而且同時鍛鍊腳掌與

第34章
赤腳跑

其相關肌群的力量和穩定度。那接下來呢？關於縮短支撐腳的著地時間與發展肌肉肌腱的彈性，赤腳跑也會自動幫你訓練到位。而且赤腳跑時，你根本不必再用想像在熱煤上跑步的畫面來達到高步頻，你自然而然就會以極快的速度把腳掌從地面拉起來。總之，赤腳跑較容易以「姿勢跑法」的技巧來跑步。

就如同之前介紹的各種力量訓練一樣，起頭時分量不要太重，剛開始不要練太多。對於從未赤腳跑的人來說，可以先從赤腳走路開始，讓腳掌適應一段時間，如此跑起來腳底比較不會受傷。

最佳赤腳跑的地點是沙灘或是操場的合成橡膠跑道。在這兩種地方練跑，就不用擔心會踩到尖銳或骯髒的東西，使你能更專心感受腳掌傳回來的訊息，仔細感受腳掌落地的位置。在沙地上跑，更能鍛鍊腿部的力量，但在合成橡膠跑道上則能培養腳掌落地的知覺。

剛脫掉鞋子時，不要跑超過二十五公尺，先習慣一下赤腳跑的感覺。一旦你覺得舒服自在之後，再慢慢增加距離。記得你赤腳跑的目的是培養力量與控制力，而非耐力，所以不要管赤腳跑了多遠的距離。在剛開始時，你可以在「休息日」做赤腳跑練習。當然是慢慢跑，而且不要跑太長。

在這兩種跑道赤腳跑一陣子後，接下來你就可以考慮赤腳在路上跑了。聽起來很令人害怕吧！但經過訓練的腳掌，絕對可以在良好的路面上一公里又一公里地跑下去，如果你能自在地以赤腳跑上幾十公里，那你絕對已經徹底發揮人類跑步的天性了。本書的共同作者約

5

翰‧羅伯遜（John Robson），就曾在美國喬治亞州的鐵人三項最後十
公里的柏油路面上用赤腳跑完，而且當天可是熾熱的夏天。他那天唯
一受到的傷就是腳起水泡，而且是一開始穿的鞋子引起的。

第35章
柔軟度

　　如果你計畫去賽車，你絕對希望車子的所有齒輪都上好潤滑油，而且轉動順暢，車子才能達到最佳效能，也才能避免機械故障與發生意外。出門跑步時，我們所用的身體也是一部「載具」，但它的零件卻經常沒「上油」。會忽視的原因是有人覺得自己還年輕，身體良好無須保養；有人則覺得自己快要加入「老人家」行列，沒有必要再為它多費心思。但身為跑者，請正視「替身體零件上油」這件事。

　　如果你沒有替身體裡的零件上油，你不只會跑得比你應有的速度慢，還會增加受傷的風險、導致表現退步，最糟糕的是被迫放棄跑步運動。許多榜上有名的游泳選手、自行車選手和划船選手，不少過去是跑步選手。這些轉換運動跑道的跑步選手，認為自己的身體已經不能再承受跑步的挑戰，令人難過的是，他們放棄自己鍾愛的跑步運動，只因為認為跑步是引發所有問題的罪魁禍首。但事實上，只要擁有正確的技術並維持身體的柔軟度，每個人都能夠一輩子跑下去。

　　跑者不願花時間和力氣來鍛鍊柔軟度有兩個主要原因：第一點是大部分人不知道跑步成效和柔軟度的關聯性。跑者都很重視實際成效，所以往往不會把力氣花在他們覺得對跑步成績沒有幫助的事情上。

　　第二點是時間。在現代社會快速的生活步調中，要切割出 x 分鐘來跑步是很大的挑戰。對大部分的跑者來說，公式很簡單：花在伸展的 x 分鐘就是少跑了 x 分鐘，少練跑那 x 分鐘，就等於跑得比較慢。除此之外，大部分的跑者之所以是跑者，就是因為他們愛跑，要他們把「空閒」時間拿來放在不是「跑步」上，他們當然認為這就是浪費

5

時間。跑步這種嗜好的排他性，此時就像嫉妒的情人。

但是，把時間花在「替身體上油」這件事絕對不是浪費時間，就像你不會認為賽車手在比賽前夕在車庫花時間保養汽車是浪費時間一樣。讓身體準備好是很重要的，不只能提高你的表現，而且也能確保你跑得愉快。最重要的是讓你終身都能遠離受傷。

在談到伸展的細節之前，先來舉幾個例子。佛羅里達州的凱利‧史萊特（Kelly Slater）是六屆的衝浪冠軍。他二十九歲時已經退休二、三年了，但他想要復出二○○二年的巡迴賽，接著挑戰他的第七次世界冠軍。為了爭取這個頭銜，他必須到世界各地去比賽以獲取積分。他前往澳洲、南非、歐洲，南美洲、美國、西太平洋群島比賽，最終的冠軍賽在夏威夷。在這一年當中，許多時間都在飛機上度過，那種旅行方式對身體是嚴酷的考驗，更別說在那些賽事中他還要與地球上最大的巨浪搏鬥。

因此，史萊特非常注意保養他的身體，《戶外雜誌》（*Outside Magazine*）曾經報導「史萊特身體的柔軟度是瑜伽老師夢寐以求的境界：他可以在全身趴下後，將腳直接抬至頭旁邊」。一開始你可能會認為這種能力只有懂得平衡運動的特殊高人才擁有，所以根本不予理會。但不要忘記我們已經把跑步定義成一種需要平衡的運動，而且必須完全拿捏好平衡才能邁向成功。你也許無法像史萊特一樣，但保持身體的柔軟度絕對是成功運動員所需具備的重要能力。

舉一個很接近跑步的例子來說。大部分的人都知道阿姆斯壯抗癌

第35章
柔軟度

復出之後改變騎乘風格的故事（在本書前面也提過），那使他從爆發力十足的單日公路賽選手，變身成為主宰世界多日賽的冠軍車手。他在一九九九年與二〇〇〇年連續兩年贏得環法賽之後，很多人都在問：「經過癌症的折磨後，他怎麼可能變得更厲害？」

阿姆斯壯於二〇〇一年準備環法賽期間，回答了那個問題。他說他在每天的訓練菜單中加入一個全新元素：伸展一小時。伸展是否有效？他的成績就是最好的證明。那一年他以新的騎乘風格連續贏得了瑞士巡迴賽與環法賽。伸展不只可以使他的力量和爆發力有更好的發揮空間，而且也能幫助他在一站接一站的賽事中恢復得更快。從二〇〇一年的六月到七月，持續五週的高強度賽事中，他的身體都處於極佳的狀態。在賽事進行中看不出疲態，他簡直就是在告訴他的對手：「想擊敗我，門都沒有。」

對運動員的表現來說，柔軟度到底扮演什麼重要的角色呢？人體的柔軟度實際上有三個要件：關節的活動度、韌帶和肌腱的彈性，以及肌肉的放鬆。

讓我們先從關節開始談起。一些上了年紀的人會抱怨「骨頭痠痛」，事實上是指他們的關節。如果哪天早上起床時，你全身感覺像被卡車輾過，而且手想要碰到腳趾頭都跟想當總統一樣遙遙無期，這是因為你的關節沒有適當地潤滑，也沒有正確地運轉。只是大部分人都以為關節吱吱嘎嘎響和上了年紀有關，難怪不會去想是因為沒有好好照顧關節的關係。幸好這也表示我們還能做努力來幫助關節回復到

【圖35.1】柔軟度的三個要件。

原本的活動度。

　　要增加關節活動度的理由很簡單。就像我們不想開一輛老是發出吱嘎怪響的車子出門一樣，我們怎麼會想帶著一副充滿痛苦與吱嘎響的身體出門跑步呢？

　　協調關節的動作是由韌帶、軟骨和肌腱來完成。另外，結締組織是關節、骨頭和肌肉間的緩衝，使跑步動作能平順進行。如果「活動度」是關節的首要衡量重點，「彈性」就是結締組織的優先考慮點。一旦彈性不夠，做為緩衝功能的結締組織就失去它存在的目的，然後就會把本來它應承擔的壓力轉移到關節、骨頭和肌肉上，不但降低表現，也會增加受傷的風險。

　　既然他們的運作如此緊密，關節和結締組織的需求照道理應該一起處理。理由很簡單：人的身體之中沒有不重要的部分。盡全力跑時，身體的每一條肌肉都會互相配合，所以從最小的關節到最大的肌群都要準備妥當。

第35章
柔軟度

　　當我們意識到打開關節的活動度與活化結締組織彈性的價值時，最值得謹記在心的就是：最厲害的跑者在竭盡所能表現時，他們的跑姿仍是流暢與不費力的。按理說，流暢、不費力的動作不可能經由吱嘎吱嘎響的關節與僵硬的結締組織完成。也許有些人的身體天生就很柔軟，但所有人只要適度練習，身體的柔軟度都能明顯提升。

　　關節活動度訓練，我們先從手指頭、手腕、手肘、肩膀這些上半身的關節介紹起（【圖35.2】～【圖35.10】）。這些練習都非常基本，而且不用花多少時間。從各個方向轉動關節，基本上就能增加它的活動度。扭動你的手指關節，拗彎它們然後放鬆，接著伸展它們。在做這些動作時不要急，去感受你的每一個關節逐漸被打開的過程，讓身體的熱度流到你的每一個關節裡去。

　　接著動作會進展到身體的其他部位，使脊椎、髖、膝、踝與腳趾都獲得伸展。伸展時要確定關節與它周圍的結締組織都有被使用到，徹底活動開來，使主要活動的關節感到微微發熱。你將發現那感覺棒極了，好像身體裡很多通道都打開了而且活絡運行。你很可能不禁懷疑自己當初沒做這些柔軟操是怎麼跑的？

【圖35.2】抓緊手指後伸直手肘同時往下壓。

【圖35.3】四指在胸前交叉，翻轉手掌使之朝上，藉由靠攏手肘來伸展手指。

【圖35.4】四指交叉，手掌朝外，手臂打直向胸前延伸。

【圖35.5】五指張開相對，掌心分開，提起手臂使手肘向兩側打開，藉由往內擠壓的力道來打開手指上的關節。

【圖35.6】五指交握於身體前方，圖a意指把交握的手掌由內向外轉，同時伸直手肘；圖b意指把交握的手掌由外向內轉，同時伸直手肘。

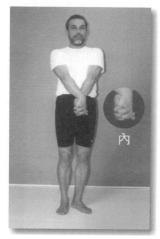

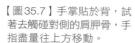
【圖35.6a】

【圖35.6b】

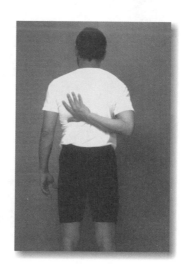

【圖35.7】手掌貼於背，試著去觸碰對側的肩胛骨，手指盡量往上方移動。

【圖35.8】兩手置於身後，試著
去觸碰同側的肩胛骨。

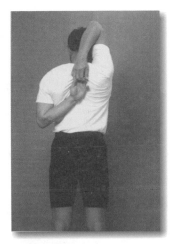

【圖35.9】兩手手指試著分別從身
後上下方互相交握。

【圖35.10】雙手掌心在身後
相貼，手指朝上。

第35章
柔軟度

　　這些活動關節與結締組織的動作都是針對局部而設計，但是內部運作的過程卻很複雜。因為伸展動作一方面是針對特定的關節，另一方面也是為了使關節與結締組織之間能更緊密的合作，確保身體能協調地運作（【圖35.11】～【圖35.25】）。請用心研究下面所列舉的動作並且規律地練習，才會獲得成效。

　　在運動中肌肉的表現能力是依據它本身放鬆程度來決定，這種說法似乎有些矛盾，但只要你回想過去你曾看過那種流暢與毫不費力的跑步畫面，你就能了解這種說法。放鬆的肌肉才有力量，也才能帶來流暢的動作；緊繃的肌肉造成死板的動作與較差的運動表現。你可以回想一下那些奧運短跑選手的慢動作畫面，他們的肌肉看起來不像固體，反而更像是某種液態物，不管選手多麼用力跑，他們身上的肌肉就像是前後搖擺的果凍一樣。相對地，那些拉傷腿後肌群，最後在跑道上痛苦扭動的選手，通常就是肌肉太僵硬不夠放鬆所造成的。

　　但要怎麼在全力跑時還能放鬆肌肉呢？這個問題的答案同時也是追求極致表現的關鍵。肌肉的基本工作型態是伸展與收縮。如果肌肉在完全伸展之後無法放鬆，就會造成肌肉拉傷。肌肉伸展的有效長度只能到達它還能保持放鬆的地方。瞬間的拉扯如果超過肌肉回復的限度，就會受傷。所以，柔軟度是訓練過程中的一項關鍵，它使你的肌肉在完全拉伸時還能保持放鬆與彈性。有很多方法可以讓肌肉保持柔軟與彈性的。

　　在你打開瑜伽墊或拿健身器材之前，你也許會對形成柔軟肌肉的

5

第一個元素感興趣，這個元素純粹是心理層次的，而且建構在心理肌肉（psycho-muscular）放鬆的技巧上。這種方式普遍被運用在心理治療，它的技巧就是要你將意念集中在肌肉與肌群裡的疲憊、溫度和放鬆的感覺，喚醒你的感受。這種方式是由舒爾茲（J.H. Shultz）於一九二○年率先發展出來。而這些心靈的意象訓練確實對肌肉的柔軟度有實際的提升效果。

【圖35.11】單腳站立，在身後抓住另一隻腳的腳掌前緣，把腳趾往臀部的方向拉。

【圖35.12】單腳站立，在身後抓住另一隻腳的腳掌前緣，軀體前彎，使另一隻手碰觸地面。

【圖35.13】弓箭步站立，身體上下移動。

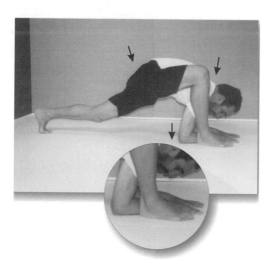

【圖35.14】弓箭步站立，上半
身向前彎，使上臂與手肘接觸
地面。

【圖35.15】動作同【圖35.14】，上半身向前彎，使前額碰觸前腳。

【圖35.16】側蹲，手掌交握前伸，體重向左右兩邊轉換。

【圖35.17】側蹲，上半身向前傾，手臂向前打直延伸。

【圖35.18】側蹲，上半身向伸
直腿的方向延伸，前額貼膝，
對側手向前抓住伸直腳腳趾。

【圖35.19】雙腳交叉盤坐，上半
身前傾，手臂往前延伸。

【圖35.20】動作同【圖35.19】，
兩手掌置於大腿骨兩側，上半身
前傾，用前額觸地。

5

【圖35.21】腳掌相對，雙手抓住腳掌
拉向身體，上半身前傾，用前額碰觸
腳掌。

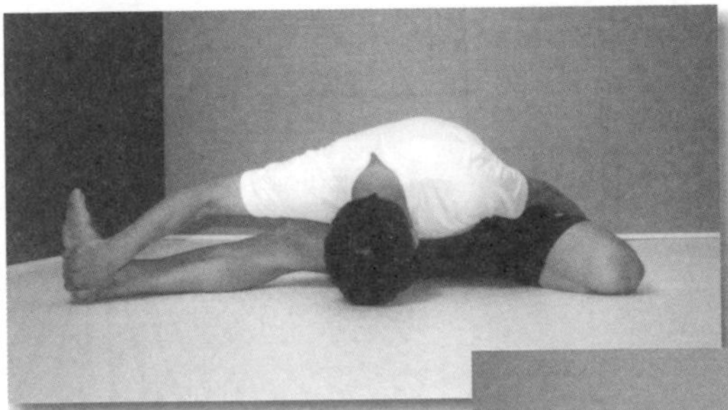

【圖35.22】雙腿維持跨欄的
姿勢，用手抓住腳掌，上半
身前傾，用前額觸地。

【圖35.23】一腿彎曲，一腿交跨
其上，上半身前傾，以前額觸碰
腳掌，同側手臂往前延伸。

第35章
柔軟度

【圖35.24】腿部在地面上伸
直,雙手同時抓住其中一隻
腳的腳掌,向上抬起,以前
額觸膝。

【圖35.25】抬起雙腿在空中伸直保
持平衡,兩手臂環抱大腿,上半身
前傾,以前額觸膝。

5

接著我們要進展到身體實際的動作，【圖35.26】～【圖35.37】介紹許多靜態伸展各個肌肉或肌群的姿勢。無論你叫它伸展或瑜伽，這些動作的目的是把肌肉完全伸展之後維持一段時間。剛開始你的伸展幅度只能在練習時增加一點點，但不久後肌肉與關節的可動範圍就會有根本上的進步。

軀體前彎碰觸腳趾的動作是最好的例子。如果你平常就沒有習慣做這項練習，第一次嘗試時，你會很驚訝地發現自己可能連腳踝都摸不到，或是抓住腳踝時維持不到幾秒。經過三到四次的練習，你漸漸地可以摸到腳趾而且能維持個幾十秒。逐漸地，經過幾個星期規律的伸展之後，你應該可以把整個手掌都貼在地面上，而且維持超過三十秒。

這就是標準的肌肉伸展過程。當你的肌肉（與其相關的組織）逐漸習慣被伸展之後，你將發現幾個星期前做不到的姿勢，現在竟然可以完全放鬆地維持很長一段時間。如果你全身的肌群在高度伸展的狀態下還能讓肌肉保持放鬆，那絕對會提高你的表現。

一個人訓練柔軟度很方便也相當有效果，但有時候你需要一些幫助，比較能使肌肉完全伸展開來，就像你的潛意識也必須經過訓練，心理上才能允許你以較快的速度前進一樣。肌肉也需要經過一段時間的說服，才能讓你再往前伸展一點。找一個夥伴，因為對方「感覺不到你的痛」，可以幫你施加一點你不敢多放在自己身上的力道，讓你的伸展成果更好。

　　與夥伴合作的伸展動作有兩種方式。第一種是在你的關節已處於彎曲的狀態下，由夥伴施壓來幫你增加伸展的幅度。[1]第二種是等到你已經從完全伸展的姿勢中回復，你的夥伴施壓在回復的路徑上，使你必須用力才能使關節回到不再彎曲的狀態。刻意在回復過程中施壓是為了教導肌肉在伸展時放鬆。不斷反覆去克服你的夥伴所施加的阻力，肌肉從收縮到放鬆的轉換過程會更靈活，接著，關節的活動範圍增加了，就能提高附近肌群的放鬆程度。

【圖35.26】雙腳分開一個腳掌的距離，前後站立，軀體前彎，雙手觸地。

【圖35.27】前後站立的雙腳腳尖與腳跟相連，軀體前彎，雙手觸地。

【圖 35.28】一腳在後,一腳在前,前腳腳尖蹺起,軀體前彎,雙手觸地。

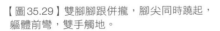

【圖 35.29】雙腳腳跟併攏,腳尖同時蹺起,軀體前彎,雙手觸地。

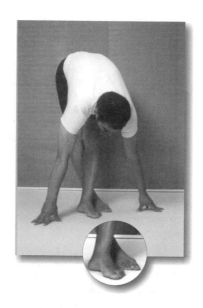

【圖 35.30】雙腳交叉,腳掌全足著
地,軀體前彎,雙手觸地。

【圖 35.31】雙腳交叉同時外翻,使腳掌外側
支撐體重,軀體前彎,雙手觸地。

【圖35.32】一腳在後，一腳在前，前腳外翻使腳掌外側支撐體重，軀體前彎，雙手觸地。

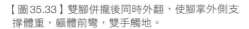

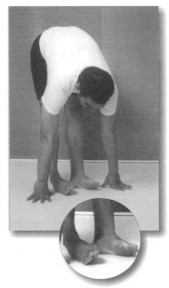

【圖35.33】雙腳併攏後同時外翻，使腳掌外側支撐體重，軀體前彎，雙手觸地。

【圖35.34】雙腳併攏，雙手在身後交握，軀體前彎，前額觸膝。

【圖35.35】雙腳腳跟併攏，腳尖朝外，軀體前彎，雙手觸地。

【圖35.36】腳掌外側與另一隻腳的內側併攏，腳尖此時分別朝向左右兩邊，軀體前彎，雙手觸地。

5

【圖35.37】雙腿向兩側打開，雙手分別握住雙腳腳踝，軀體前彎，前額觸地。

利用負重物提升柔軟度也很有效（【圖35.38】～【圖35.41】），而且這些動作同時也可以增加肌力。這跟有夥伴協助的道理一樣，它可以增進身體的伸展範圍，外在的重量可以「釋放」你的肌肉，比你靠自己的力量還能伸展得更遠。利用負重物與夥伴協助伸展的效果很類似，可以幫你增加身體的延展性，肌肉也比較容易放鬆。

【圖35.38】立姿，雙腳併攏，單手抓木棒軀體前彎，使木棒碰觸地面。

【圖35.39】坐姿,雙腿併攏伸直,雙手在身後抓住
木棒兩端,軀體前彎,前額觸膝。

【圖35.40】坐姿,雙腿分開伸直,雙手分開握在木棒的
兩端,軀體前彎,使木棒的中間點抵在單腳的腳掌上。

【圖35.41】坐姿，雙腿分開伸直，雙手併攏握在木棒的中間，軀體前彎，使木棒的兩端抵在雙腳的腳掌上。

譯注：

1. 甩手、甩腿等擺盪動作也是另一種增加柔軟度的練習方式。不管是前後或是左右，逐漸增加擺盪的幅度與速度，對於提升肌肉的延展性與柔軟度都很有幫助。

第36章
克服跑步的恐懼

我堅信，唯一能讓我們感到恐懼的即是恐懼本身。
—— 美國第三十二任總統富蘭克林·羅斯福（Franklin D. Roosevelt）

　　為了成為一位「姿勢跑法」的跑者，你已經經歷了許多階段。首先，你必須先接受跑步本身是一項需要技巧的運動，而且它是可以學習並精進的。接著你必須理解各種構成「姿勢跑法」的基礎概念，然後在跑步過程中實際去體會並運用。從這些概念上，你努力地透過實際的練習來使身體適應新的跑法。而且在第五部的討論中，為了使身體的零件能達到新技術的各種要求，你花了許多時間鍛鍊它們。

　　就某種意義上來說，你已經學完了「姿勢跑法」的全部概念與訓練方法。你現在已經具備比以前還要好的技術，而且大大降低受傷的風險。你的跑步動作中也許還有一些小錯誤，但那將在本書的第六部來討論。所以，現在你可以自在地跑步了！如果你只想當個快樂又健康的跑者，跳過本書的第六部，雖然技術上可能還會帶點小瑕疵，但你就此可以把跑步當成一生的運動，好好享受！

　　然而，如果比賽的鬥志還潛藏在你的血液裡，如果比賽和個人最佳紀錄仍會驅使你站到路跑賽或是鐵人三項賽的起跑線前，那你就盡情地去比賽沒有關係。成為一名最佳跑者仍是你的初衷，加上你已經了解跑步技術的原理，如今，成為真正跑者的時機已經成熟。

　　在學習了所有關於姿勢跑法的理論、方法與動作之後，「現在你所要做的，只是把你的身體和心智狀態在更快的速度與更遠的距離中，調整到這個新技術所能達到的最佳水準。」這句乏味的句子背後隱藏著極致表現的三根支柱：優異的技術、耐力與心理狀態。

　　一開始練習「姿勢跑法」時，要掌握肢體的技巧似乎很複雜也很

5

挫折，而且在速度和耐力訓練持續艱鉅時，最難打的一場仗是在自己的心裡。在第五部的最後一章，或許也是這整本書最重要的一章，我們要來看技術、耐力和心理狀態這三種共生元素與追求極致表現之間的關係為何。

技術與速度、耐力之間的關聯是相當明確的。完美的技術能減少體力的消耗，使你的身體移動更流暢，肌肉的動作更協調、更放鬆，而且能降低關節、韌帶與肌腱的衝擊力道。相對來說，不良的技術會造成相反的效果：多餘的動作、肌肉過於緊繃、施加在關節與結締組織上更大的衝擊力。以上這些都會浪費體力，也會增加受傷的風險。

當我們建立好完美的跑步技術，就能夠藉由減少「上下振幅」與提升肌肉的彈性來降低體力的使用；把身體固定在「框框」內就不會浪費任何多餘的能量。如今我們已經建置了許多能使身體跑得更快更遠的完美環境，但仍有某種限制我們表現的因素存在。不用感到太意外，這些限制因素就存在我們的內心世界裡。

就像之前所提過的「框框概念」，在空間與時間的框架中同時會有跑步肢體的動作產生；同樣地，跑步肢體的動作產生中也會有相應的「心理框架」，這個框架對於跑步能否順利也是至關重要。事實上，當身體的動作和相應的心理活動分開，你的表現就不可能達到極致。沒有心理下達的訊號，你甚至連第一步都無法開始。雖然你也可以只靠訓練身體，忽視跑步時的內在活動達到自己滿意的結果。但你會發現只有開始在訓練時把身心連上線，才會知道自己的最佳表現是

第 36 章
克服跑步的恐懼

怎麼一回事。

　　有句格言說：「健全的精神，寓於健全的身體」，但我們必須了解不是只有「健康的身體才會有健康的心理」，這句話的說法反過來應該這麼說：「沒有健全的精神，就不會有健全的身體。」

　　有關跑步時的心理狀態，我們可以分成三種層級來討論：心智（the mental）、心理（the psychological）、心靈（the spiritual）。當這三者真正加入你的跑步過程中，你才能達到夢寐以求的表現。下面將舉出兩個例子來說明所有的元素都結合在一起後所達到的巔峰境界。

　　我們先來回顧古希臘的傳奇人物——費迪皮迪茲。在還沒有手機、網頁、電話和無線電等等現代傳播科技的時候，軍隊會訓練耐力跑者來負責傳遞重要的軍情。傳說中費迪皮迪茲曾被派去斯巴達（Sparta）請求支援，因為那時候希臘正在和波斯打仗。他要一路從馬拉松（Marathon）跑到斯巴達，那是一段長達兩百二十五公里的曲折山路。他花了兩天的時間趕到斯巴達後，斯巴達人卻回覆說「依照傳統規定，等到為期九日的宗教節慶結束之後他們才能出兵。」確定斯巴達人無法及時支援後，他轉身從來路又跑了兩百二十五公里回到馬拉松，傳達這個壞消息。

　　希臘的將軍米爾第雅德斯（Miltiades）知道斯巴達的援軍無法及時趕到後，他下令突襲波斯人。雖然希臘軍隊當時的人數只有波斯大軍的四分之一，但因為使用陣列戰術而打敗波斯軍隊，最後希臘獲得空前的勝利。雖然希臘打了勝仗，但米爾第雅德斯看出波斯軍隊看似

5

潰逃，實際上有其他企圖，因為他們知道希臘的首都——雅典現在是空城，想將船隊繞過半島海岬直逼雅典城。所以米爾第雅德斯又派遣費迪皮迪茲把勝利的消息傳回雅典（Athens），實際上卻是要他回雅典示警。

費迪皮迪茲接到命令之後又奮不顧身跑回雅典城，他用盡最後一口氣，嘶喊：「我們在馬拉松打勝仗，但是波斯人從海上來襲了！」說完後馬上就昏死過去。他真的是跑到累死的。

當然，你絕不想在達到極致之後馬上死去。不用擔心，第二個例子比較普通一點。事實上，如果你過去曾參加過跑步比賽，你會發現下面的例子很熟悉。在十公里的比賽中，大多數的情況下，開始起跑之後你將感到痛苦逐漸加劇，接著就開始變慢。也許你比賽完與朋友閒聊時會說出「跑到七公里時，我覺得快死掉了」這樣的話。

但比賽多了以後，你一定也有過這樣的經驗：在那些眾多比賽當中的某一場，你突破了個人的最佳紀錄，然後對自己說：「那真的感覺很簡單，我覺得我還可以跑得更快。」

對這兩種情況仔細思考一下。當你用力跑時，你遭受磨難且感到痛苦不已，雖然你已經盡了全力，卻沒有跑得比較快。但是有時候當你覺得沒有用盡全力，卻跑出自己的最佳成績，在那場比賽中你會覺得所有的事情都協調順暢而且毫不費力。那種狀態是你的終極目標。為了不只一次，而是經常達到那種狀態，你必須經過長久的準備，包括身體上、心智上與心靈上的訓練。熟練「姿勢跑法」中肢體動作的

第36章
克服跑步的恐懼

技巧只是這段跑步人生旅途的第一階段而已。

在這本書的前面幾章，我們已經介紹「姿勢跑法」的系統根基是一些非常簡單的肢體技巧，但這些技術學習起來可能都不簡單。第一步技巧完全是心理層面的，那就是你必須跨越舊有的跑步方式，全然接受「姿勢跑法」。

在你剛開始想要採用「姿勢跑法」的技術時，你會碰到一連串階段性的障礙。其中，肢體的障礙反而是最容易克服的，但心理上的障礙通常要花上一段時間。當你每一次想要嘗試時，你就會質問自己：「我這次做對了嗎？」、「我應該這樣做嗎？」當你對自己的腳掌是否正確落下產生疑問時，所有的知覺都會被匯入大腦中，你會持續接受訊息並質疑自己：「我有確實放鬆讓它自由落下，還是我花力氣往下踩呢？」、「我有沒有放鬆？」、「是不是過於緊繃？」、「有沒有上下彈跳？」、「是否往前跨步？」、「姿勢跑法」的動作很簡單沒錯，但在那麼短的時間內實在有太多的訊息需要處理。

學習「姿勢跑法」的過程中，心理上所面對的挑戰比肢體還多。在開始練習「姿勢跑法」之後，最先感到精疲力竭的通常不是身體而是心理。你要與你根深柢固的舊習對抗。你不能像以前一樣隨時來個十公里的快跑練習，你必須先練熟「姿勢跑法」的各種技術，雖然心裡會不斷浮現出門長跑的欲望，但在練習技術時最好不要跑超過一點五公里。

你現在知道「姿勢跑法」不只是許多腿部、手臂與身體力學動作

5

的組合而已，它是具有多層次的。你對「姿勢跑法」肢體動作的熟練程度，反應出心智對其中概念的理解程度以及你個人意志力的強弱。

如果你的心智保持開放、意志堅定、精神專注，你會比別人更容易學會「姿勢跑法」。然而，如果你一直質疑其中的概念，心裡總無法完全信服它能讓你跑得更好，那你就永遠不能完全掌握基本技術的精髓。總之，肢體上的技術完全根基於心理狀態。

心理上的障礙克服之後，身為跑者，下一階段要做的就是：跑。在這個階段中，你還無法熟練到不需思考就能自動地以「姿勢跑法」來跑，你仍需要集中精神在各種概念與原則上，但現在你已經能用標準的跑步動作維持愈來愈長的距離。你也許還是認為維持距離的長短純粹只是身體上適應的問題，只要訓練足夠，身體遲早都會適應。但事實上答案卻是相反的。

想學習「姿勢跑法」的跑者幾乎都是先在思想上、心理上與心靈上感到疲乏，而非身體。為什麼會這樣呢？為什麼跑者要在身體感到疲累之前就「放棄」呢？答案就在本章的標題：「跑步的恐懼。」

回到前面十公里比賽的例子，「跑到七公里之後，我覺得快死掉了。」這是怎麼回事？另一個提問更直白：「我經過這麼多訓練了，為什麼還是會發生這樣的事？」**跑者在賽場上習慣表現得比自己該有的水準差，主要原因是他們害怕跑得更好。**他們自己建立自我障礙與令人失望的表現都只是「自我應驗預言」。為什麼你會在跑到七公里之後覺得快死掉了？因為你除了快死掉之外不知道還有其他的方法。

第36章
克服跑步的恐懼

那是個壞消息。好消息是當你對「姿勢跑法」需要的身體各部位的能力重新訓練時，也是重新訓練你的內心去克服自己所設下的障礙。

我們之中有許多人喜歡把跑步當做逃離日常生活的一段空閒時間，他們趁那段時間思考問題。也就是說，當我們跑步時，我們利用心智上的能量去處理非關跑步的其他事。這也許算是某種舒緩壓力的療法，但這絕不會使你變成一個更好的跑者。如果你在跑步時讓生活上的問題壓在你的心上，那就像你背著二十幾公斤的背包、手上提著木棍跑步一樣。不管你的身上或心上是否有其他負荷存在，你都不可能跑得更快。如果你的目標真的是想變成一個更好的跑者，你就必須找其他時間思考生活上所需面對的困難，這樣才能以專注的心來跑步。

對於跑者來說，另一個挑戰是培養自己找出問題的能力，然後知道怎麼解決。錯誤的診斷結果，反而會使你把對的動作改成錯的，進而有損你原本的能力。一個常見的問題是：長跑練習之後所帶來的疲憊會自動縮短步幅。他們認為解決的方法是更用力讓步幅回到原本的狀態。但這樣實際上會造成：心跳率上升、肌肉太過緊繃、動作失去協調與速度下降。

應對這個問題的正確解決方法是：提高步頻。利用肌肉的彈性讓身體保持在框框內。所以當你覺得疲勞使得步幅縮短時，不該花更多力氣加長步幅，而是要去強化心智上力量，更專注在身體本身已經做對的事情上，仔細體會重力的存在，思考如何更有效地利用重力來前進。記住：「速度＝步幅 × 步頻」。許多的研究結果已經證明，即使

5

是世上的菁英跑者，在長距離的後段賽事中，也會縮短將近百分之二十的步幅。然而，步幅縮短雖然無法避免，但速度可以藉由提高步頻來維持。要做到這點，你必須「有意識地」去抵抗加大步伐的衝動。

前面的幾個例子強調的是心智的紀律，你必須有意識地掌控你的跑步狀態。當你深入自己的精神世界會發現某些奇特之處，心裡的意識面與潛意識面會對身體的主控權進行一場難以捉摸的對抗戰。身為人這種哺乳類動物，我們和世界上其他動物仍有很多相似的部分，其中許多身體零件都是為了求生存而設計——有些是為了避免危險，有些具有保護的功能，有些則具有察覺外在威脅的作用。

這樣的威脅會在長距離或高強度跑步時顯現出來。大量體力的耗損，生理、心理與心靈上的疲勞，或是使出全力向前跑時都會向大腦的潛意識底層送出「危險！危險！」的訊息。當身體感覺到當下運動的強度已經使生命遭受威脅時，身體裡的某些零件就會立即停止運作。對於這種威脅，最初的反應並非心理的恐懼，而是身體上的感覺，像是肌肉僵硬、疼痛、呼吸困難、心跳加劇等等。

在這個時候，你的意識仍然持續命令你「全速前進」，但潛意識為了保護生命安全，開始傳給身體相反的指令。雖然你會刻意忽視那些指令，但潛意識時常會主宰身體的機制，命令你開始減速，降低步頻，增加腳掌留在地面上的時間，拉緊肌肉，使身體向後仰，沉重的雙腿開始向身體的重心前方跨出，所有的姿勢都亂了樣，這所有的一切都在阻止你繼續運動。身體發出各種的痛苦，都在警告你：「減

第 36 章
克服跑步的恐懼

速，否則就會……！」

　　這就是生存本能所造成的阻礙，但進步的機會同時也存在其中。事實上，身體和潛意識所面對的情況並不會直接威脅生命，卻被身體當做威脅來看待。每次當身體到達臨界點時，就會下意識地減速，那個極限會銘記在你心裡，使你潛意識習慣某種配速之後，每次超過預設的臨界點後就會下意識地開始減速。

　　當潛意識經常限制你的表現時，你所能控制的意識也會逐漸習慣自己固定的表現：「我的成績就是那樣。」你總是在測驗或比賽之後認為目前的表現理所當然。那也是為什麼你每次在跑到第七公里過後就會覺得快死掉般痛苦，因為你到達了自己所預設的極限點，而且你已經在身體裡內建了固定的藉口，那的確讓你好幾年來都保持在同樣的水準；相對來看，你也已經好幾年不再進步了。

　　「我又不是很厲害的跑步選手，我只是喜歡跑步而已」、「我不需要間歇訓練」、「今天太潮濕了，不適合跑步」、「這段路太陡」、「我不想要進步太快」……以上這些就是人心裡無限的創造力，使自己無法跑得更好的例證。就像之前所提到的，身體會下意識地訓練自己去接受自己的極限。如果技術已經完備，無法進步的最大原因並非出在身體，而是下意識地自我設限。

　　但我們還是有機會使自己的意識與潛意識互相作用。人類每種生理系統層級中，從細胞、肌肉一直向上到各種組成人類的重要維生系統，都是不可中斷的，而且在潛意識與意識之間處於平衡狀態。每一

5

種都有它的目的、需求與本能。在各種系統間，它們會合作，也會為了在同一有機個體中——就是你的身體，滿足各自的目的與需求，互相搶奪有限的資源。當某一個堅持下去，另一個就必須退讓。

以跑步為例，你可能會想要進行一場艱苦的間歇訓練。但你的潛意識有自我保護的責任。你必須和逐漸失去的協調性、緊繃的肌肉、攀升的心跳率和大量耗損的能量奮戰。這些都會導致你變慢，最直接的結果就是潛意識直接奪取掌控權，那時你將無法控制你的身體。

潛意識的隱藏性勝利會逐漸讓你接受較差的表現結果，當身體上的各種徵狀開始浮現，你就會開始為自己找藉口，「我還沒準備好做間歇訓練」、「我已經練過頭了」、「這樣練就夠了」等等。

相較於肢體的能力，介於意識與潛意識間巧妙的平衡狀態，是能使你進入更短間歇時間的關鍵因素。由你的意識所設立的目標也必須被你的潛意識所信任。為了進步，你的意識和潛意識都必須同時相信你所設立的目標是可以達到的。比如你跑四百公尺的間歇，每趟在七十五秒內完成，你不能要求自己馬上跑到六十秒。你的潛意識會感到慌張，不知所措，也會使你的雄心壯志快速終結。然而，如果你經過十二～十六個星期的訓練，你可以逐次減少每趟的秒數。如果你真的相信，你就能完成。

可能有幾次潛意識自我保護的本能會壓制你自己所設下的極限，然後產生超乎你原本預期的力量和耐力。當我們被瘋狗追著跑時，有誰會懷疑我們可以跑更快或跳更高呢？當需求提高，你會下意識地跑

第 36 章
克服跑步的恐懼

得更好更快，直到危機解除。

　　幸好這樣的情況很少發生。但它的確也證明了身體的能力可以大大超越我們對於自己極限的認知。在我們的身體裡有著我們無法預期的潛能。我們所要做的是學習自主激發潛在的能力。

　　關於技術、耐力和心理狀態的下一個重要元素是時間。人類的身體，不同於心靈世界，它被困在當下的時空中。心靈可以回溯過去、處理當下的問題與沉思未來。如果將人身心靈的連結拆開，那麼他思緒的流動就會和身體的運作分離，這可能成為你跑步效能低落的一大因素。

　　如果能讓心靈放空就能跑得既優美又流暢，像自動導航的飛機一樣，那是多麼好的事，但事情很少是這樣進行的。我們的心思最常飄到遙遠的未來去。當我們的身體還在跑第十公里時，心裡常常已經開始在計算第四十二公里要怎麼跑，會發生什麼事。跑者們的心思會不斷去推測未來，反而沒有監控當下的身體狀況。如果你總是藉由當下的身體狀況一直推想到終點線前，你的心裡會對未來的路途產生相當不安的恐懼感，那麼你就會忽略當下生理與肢體的實際狀態。

　　當你的心思從未來回到當下，你會發現自己的動作都變調了。而且大部分你預期能跑出的結果都只是你自我滿足的幻想。首先，你必須先認清身體實際的能力，不斷檢視當下的動作與身體狀況，確保自己能用不變調的動作跑完全程。要避免自己的動作在還沒看到終點線前就開始變得零散不堪。

5

通常到動作遲緩、體力衰竭的時候就太遲了。畢竟，此時從身體傳到大腦的都是痛苦的訊息：步伐已經渙散、肌肉太痠、心中已經對接下來的路途感到恐懼等等。這全都是因為你的心思飄到遙遠的未來而忽略當下身體的狀況。

所以，心智的訓練與身體的訓練一樣重要。當你的身心能完全整合到跑步的狀態裡，你也許就能偶爾達到「禪的境界」，或者開始在跑步的過程中享受到「神馳」的快感。

就像我們先前所討論的，你的最佳成績通常不是在痛苦的掙扎過程中得到的。那是因為完美的表現是身心整合訓練之後所呈現的結果。當你進入到神馳狀態，每個環節你都會覺得流暢與自然。

在籃球比賽場上，你也許看過某些選手曾處在神馳狀態中。不管從任何角度，只要一出手必定進籃。當你處在神馳狀態時，不管是哪一種運動，你會感到信心滿溢，極度專注、技術優美，身體與心理之間協調無間，每一個動作都是完美的。

不論你稱它為「禪的境界」或是「神馳狀態」。在那個當下，沒有疑惑、沒有遲疑、沒有心情上的不安，只是把握當下，而且擁抱即將面臨的特定挑戰。如果身體已經準備妥當，那種精神上的清明與專注會引領你邁向個人最佳紀錄。這絕不是意外，也不可能天天發生。

巔峰表現即是完美的技術、周密的態度、持續的練習和全面的思想控制互相整合的結果。當你練習「姿勢跑法」時，你也必須設法把它們全部整合在一起，如此一來你將充滿自信，也能在你最需要的時

第 36 章
克服跑步的恐懼

候達到巔峰。

　　恐懼，來自於不確定性。當我們不知道或是知道太少時會使我們形成「心情上的空洞感」。當我們試著邊跑邊處理各種不確定的疑惑時，恐懼很快就會占領空洞。怕受傷、怕跑得太用力，同時又怕跑得不夠用力，怕跑出太好的成績，又怕跑得太差。

　　幸運的是，克服跑步的恐懼其實很簡單：用知識填滿那些不確定性所帶來的空洞感，恐懼就會不得其門而入。

　　學習如何跑、學習如何辨別正確與錯誤的姿勢，還要學習如何在比賽與訓練中改正它們。就像熟練肢體上的技術一樣，克服跑步的恐懼也是一種「學習的過程」。

　　當你透過本書的步驟，使「姿勢跑法」成為你最自然的跑步方式，你同時也鋪設好克服跑步恐懼的基礎工作。一旦你愈來愈能微妙地掌控你的跑步技術，你就愈有信心。信心會驅走恐懼。那將深深地影響你的跑步功力。

　　一旦你真的完全了解「如何跑」這件事，而且能精確地轉換地心引力為前進動力時，跑步對你來說將變得很容易。你不再覺得跑步只是折磨身體的運動，而是一種愉快、刺激的體能活動。你也將跑得比以前更快更遠。

　　而且，當你知道「如何跑」之後，在比賽時你將具有全新的視野。你能立即辨識出誰跑得好、誰跑得不好，你也會了解到真的有太少人知道該怎麼跑。那種你懂而其他跑者卻不懂的感覺，會給你帶來

5

強大的動機，也會形塑出一種無所匹敵的強大自信心。知識加上自信是最棒的組合。當你有那種感覺時，你就會迫不及待地想跑，而且愈跑愈好。

隨著生理與心理素質的提升，你將把各個元素融合成更完美的跑步技術，進而把自己的跑步功力提升到一種新的境界。你會覺得跑步似乎不再是以前那個讓人又愛又恨的運動。你將能夠自由地奔跑，不再受傷、不再疑慮、不再害怕。

對你的跑步技術進行細部微調

第37章
先認清錯誤所在，才能確實改正

什麼是通往智慧的道路？其實，答案說起來既普通又簡單。
就是犯錯，犯錯，然後再犯錯；但是錯誤愈來愈少，愈來愈少。
──丹麥科學家兼詩人皮亞特‧海恩（Piet Hein）

　　如果你能按部就班地依照本書的前三部來練習，那真的很好！熟練「姿勢跑法」之後，不管你是想拿奧運金牌、破世界紀錄、達到個人最佳紀錄或是完成個人目標，它絕對可以讓你免於受傷。利用這本書學到這裡之後，你的動作中必然還存在一些小問題。本書從大部分跑者的練習經驗中，歸納出一些常見的錯誤，在影響你的跑步表現與造成運動傷害之前，可利用特定的練習方式來改正。

　　在錯誤被更正之前，你必須先知道「錯在哪裡？」、「什麼地方錯了？」用一般的定義來說，「錯誤」的意思是偏離標準。如果你相信二〇〇四年大家所流行的說法──根本沒有標準的跑步技術，你就無法從所謂的「標準」中辨別出正確與錯誤的差別，當然也無法修正。

　　但是就我們之前所談論的「姿勢跑法」，已經清楚定義了標準的跑步技術，也知道怎麼去分析他人的跑法，如何辨別錯誤與更正它們（【圖37.1】）。下面列舉出「姿勢跑法」的重要準則：

1. 維持在「關鍵跑姿」：腳始終要彎曲，支撐腳在蹠球部形成支撐點，身體呈S彈性站勢。

2. 身體向前，讓它自由落下。

3. 善用肌肉的彈性。

4. 直接把支撐腳的腳掌從地面朝臀部向上拉起。

5. 永遠使身體保持在框框內。

6. 避免肌肉過度緊繃，全身的肌肉盡量保持放鬆。

6

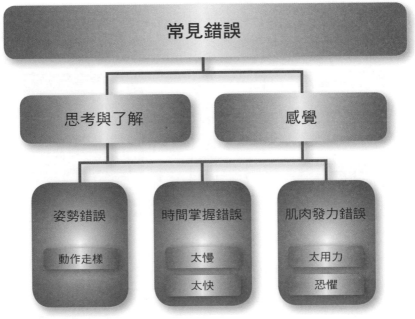

【圖 37.1】跑步的常見錯誤。

　　如果上述這些原則你都記得也都能了解，就能察覺到每一個動作是否到位，還有身體各部位的使力、加速和方向是否能與軀幹有完美的協調。只要跑得正確，我們不會感覺到四肢使力和整體的跑步動作有任何走樣（【圖37.2】）。

　　相反地，當你跑得不正確時，那些偏差的動作有時候就算不明顯仍然會引人注目。你跑起來就會像是一台調校錯誤的機器，失去應有

【圖37.2】錯誤改正圖表。

的一致性，各個零件像臨時組合而成的，各自獨立運作，失去運動的
整體性。這就像一個樂團，每個團員拿到的是同樣的譜，但是沒有人
跟著指揮的指示演奏，所以每個樂段雖然演奏到了，可是聽起來就是
不對勁。

　　要從正確的「姿勢跑法」中辨別其中的偏差並不是一件簡單的
事，特別是剛接觸這套跑步技術的人。即使你完全了解其中的概念，
但要在跑步時觀察自己的動作又要詮釋身體的感覺沒那麼簡單。有一

6

個很好的方法，就是去找一位志同道合的朋友當你的訓練夥伴或找教練，請對方幫忙觀察你目前的跑法與你試著做到的「姿勢跑法」之間有何差別。

任何過度訓練所造成的運動傷害，其實是一種訊號，讓你重新檢視自己的方式並修正已經浮現的問題。依照你舊有的跑步方式，過度訓練的傷可能是你的鞋子磨損造成的，但是用了正確的「姿勢跑法」後就不太可能發生這種事。而且一些特定的傷也在提醒你受傷的緣由，舉例來說，如果你開始覺得脛前疼痛，肯定就是你的腳在著地時前跨的步伐離身體太遠。

你一旦找出跑法中的錯誤就必須回到原點，確定你已經完全了解「姿勢跑法」的力學原理，再把正確的視覺圖像映在腦子裡，並對該有的感覺做出正確的詮釋（【圖37.3】）。總之，只有做好身體要改變的身心準備，你才能確實更正錯誤。

a. 膝蓋和大腿向前頂。

b. 蹬地。

c. 腳掌著地點超過身體重心前方。

【圖37.3】常見錯誤跑姿實例。

第 37 章
先認清錯誤所在，才能確實改正

　　如果你在更改動作時，只是做技術上的調整，但沒有確實去思考
當中的概念，建立完美跑法該有的感覺，那麼你原本存在的錯誤很有
可能會一再重現，你的訓練又得重來。改動作本來就不是在短時間內
能完成，一個小動作的更正通常會牽連到你整體的跑步動作，所以你
必須從根本開始改起，錯誤才會確實修正過來。

　　最後，請你記得，大部分問題的解決答案很簡單，那就是：「消
除多餘的動作！」真的就是這樣，因為大部分問題的肇因都是因為跑
者動作太多、太用力、訓練太過頭了。請學會放鬆，學會讓地心引力
幫助你前進。

第38章
改善腿部的錯誤動作

　　跑步常見的錯誤，雖然有些是發生在軀幹與手臂，但大部分都是來自不正確的腿部動作。不論錯誤發生在哪裡，可以確定的是這些錯誤是由於你對「姿勢跑法」的了解不當，或是跑步時誤解了身體各部位的知覺。下面我們會運用一些練習讓你學會用腳掌輕敲地面。這是很簡單的練習，但是很多人在練習時以為自己放下腳掌時完全沒有用力，但其實還是明顯用力往下踩。

　　用錯誤的動作練習對跑步技術的知覺開發並沒有幫助，因此，若能有教練或訓練夥伴一起練跑會對你很有幫助，他們能從旁協助，檢查你的動作是否正確。他們是以對方的角色在看你練習，更能清楚地看出你動作中的缺點，有助你確認腳掌落地的動作是主動下踩還是被動落下。接下來，就算你覺得已經從這個練習中「抓到」那種輕巧的感覺了，還是得做後續所有的練習，使雙腳在轉換支撐時都能維持輕巧與放鬆的感覺，你的技術才算真的到位。

　　當你在進行轉換支撐的練習時，大多數人會把注意力放在騰空腳的落下上面，一開始你也覺得自己做得沒錯，但在「姿勢跑法」裡「轉換支撐」這項練習的關鍵點在於：先拉起支撐腳，直到支撐腳離地後才能讓騰空腳自然落下；也就是說不能先往下踩之後才拉起支撐腳，必須「先拉後放」。練習的焦點改變後，你會突然理解到騰空腳不施力，只順著重力落下的感覺原來是如此！改變的那一刻可能會讓你很意外，發現當你的注意力只放在拉起腳掌的動作時，另一隻腳的著地動作反而變得更自然、更輕鬆。

第38章
改善腿部的錯誤動作

學習「姿勢跑法」與修正錯誤都不能跳過任何步驟。一旦跳過就很難遇到「啊哈！原來如此」的時刻，而且也無法深入了解「姿勢跑法」的奧妙。

腿部常見的錯誤可以分為以下三種：

1. 後腿在身後形成腿尾巴。
2. 前腳過度向前跨步。
3. 腳掌與地面接觸時主動出力蹬地。

帶著腿尾巴跑步

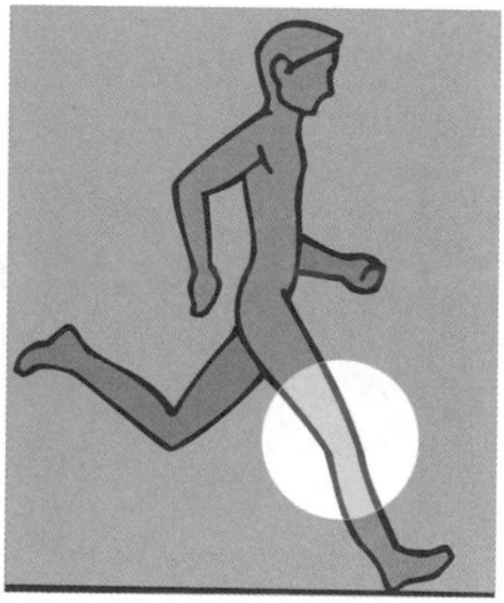
【圖38.1】前腳過度向前跨步。

很多原因會導致跑步時身後形成腿尾巴，像是膝蓋向前伸直著地（【圖38.1】），因為過度向前跨步，身體為了保持平衡，後腿就會留在身後。或是後腳向上拉太高，甚至使腳掌超過臀部的水平線（【圖38.2】）。

當然，只是說「不要怎麼做」並不夠，你必須回到「姿勢跑法」的基本概念：

1. 當身體向前落下，支撐腳準備離地的瞬間，腳掌就要立即開始向上拉起。

2. 在臀部正下方向上拉起腳掌，
   但腳掌騰空後就不再主動用力
   上拉。
3. 腿部的前側肌群（股四頭肌）
   必須保持放鬆，不能主動用力
   往前抬腿或刻意拉回腳掌。

在改正腿尾巴的壞習慣時，重點
要放在拉起腳掌的時機。之前提過腳

【圖38.2】後腿的腳掌向上拉太高。

掌著地時膝蓋要保持彎曲，可以幫助你快速拉起腳掌。你可以順著彎
曲的膝關節，直接把腳掌朝臀部向上拉起，提高拉起的速度。所以想
要去掉腿尾巴，你就必須專注在正確的拉起時機與動作。

正確的時機是指：騰空腳的腳掌通過支撐腳膝蓋的瞬間；正確的
動作是指：在臀部下方像活塞一樣直接把腳掌向上拉起。事實上，幾
乎所有學習「姿勢跑法」的練習，都是為了從地面拉起腳掌，快速回
到「關鍵跑姿」的目標而設計。

這些訓練動作都不是為了加強心肺功能或提高最大攝氧量，而是
為了強化你對動作控制的知覺，你必須把訓練過程中所體會到的感受
應用在跑步上，所以每練完一個動作就要跑一小段，使你開發出來的
知覺立即轉化到跑步動作中。總之，別把這些練習動作當成體能或
力量訓練，請敞開心胸讓這些動作教你的身體學會正確的跑步技術。

第38章
改善腿部的錯誤動作

1. 單腳點地上拉（【圖38.3】）

　　沒錯，這和之前所做過的練習一樣，但現在你必須回到基本功重新開始。當你處在S形的「關鍵跑姿」時，你的體重落在支撐腳上，此時膝蓋保持彎曲。從地面拉起非支撐腳的腳掌，隨後放鬆讓它回到地面，確定它每次都回到地面上的同一點，而且那一點必須正好在支撐腳的足弓旁邊。腳掌的位置非常重要。每做十～二十次之後，換腳重複。

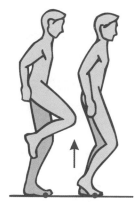

【圖38.3】單腳點地上拉。

2. 雙手支撐體重上拉腳掌（【圖38.4】）

　　利用椅背或雙槓來支撐體重，支撐腳只是輕觸地面（或是完全離地也沒關係），重點是讓腿不用再支撐體重，那你就可以把注意力集中在腳掌上拉的動作。其中一隻腳保持放鬆輕觸地面，另一隻腳掌向上拉起，隨後讓其自由落下。同樣地，腳掌的位置要準確落在另一隻腳掌的足弓旁邊，而且一碰觸到地面就立即拉起。

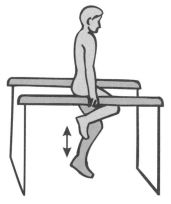

【圖38.4】在雙槓上進行上拉腳掌的訓練。

6

3. 利用彈力繩做腳著地練習（【圖38.5】）

　　將彈力繩的一邊綁在腳踝上，另一邊綁在同側的手腕上，手掌保持在臀部旁邊，另一隻腳保持「關鍵跑姿」，接著進行上拉訓練。你會發現，當你向上拉起腳掌時，因為彈力繩的緣故，速度會變快。這項練習讓你明白自己的雙腳能以多快的速度上下移動，當你了解之後，你就必須在往後練跑時趕上這種速度。在原地做十～二十下之後，以單腳跑三十～一百 公尺，之後再換腳練習。

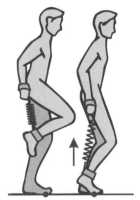

【圖38.5】將彈力繩綁在腳踝上進行上拉訓練。

4. 夥伴在後面跟著跑練習（【圖38.6】）

　　與練習夥伴一起跑時，你們的雙腳會同步移動。因為你的正後方有人，而且肩上有壓力，那會使你待在框框內，所以可以有效改正腿尾巴。試著以這種方式跑五十～一百公尺。

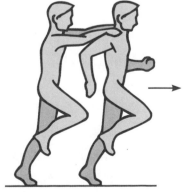

【圖38.6】請夥伴或教練把雙手放在你的肩膀上，在你身後跟著跑。

5. 與夥伴綁上彈力繩，對方跑在你的前方（【圖38.7】）

　　現在換位置，將彈力繩分別綁在你和夥伴的腳踝上（左腳對左腳／右腳對右腳），由對方主導跑步的節奏。因為你在後面處於被動狀態，所以你必須盡快抬腳來跟上他的速度。試著以這種方式跑四百公尺以上，這會讓你很驚訝地發現，帶著腿尾巴跑步和正確的「姿勢跑法」有很大的差異。

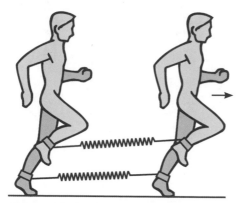

【圖38.7】與夥伴綁上彈力繩，對方跑在你的前方。

6. 與夥伴綁上彈力繩，肩並肩跑（【圖38.8】）

　　將彈力繩綁在你的左腳踝和夥伴的右腳踝上，肩並肩一起跑。由夥伴設定跑步節奏，你跟著跑，保持步伐與對方同步。試著以舒服的節奏跑四百公尺。

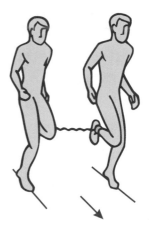

【圖38.8】與夥伴綁上彈力繩，肩並肩跑。

6

7. 夥伴在後方控制彈力繩的拉力（【圖38.9】）

　　先將彈力繩分別綁在你的雙腳腳踝上，請夥伴跟在你後面，用手拉緊彈力繩的兩端。向前跑時，請他幫你觀察腿部動作，藉以控制彈力繩的鬆緊程度，使你的雙腳能很快地回到地面上。分別進行快跑和慢跑練習，至少跑兩百公尺。

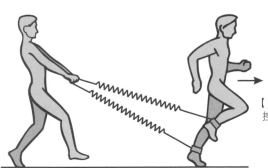

【圖38.9】夥伴在後方用彈力繩控制你的跑步動作。

8. 上坡跑步（【圖38.10】）

　　專注在把腳掌向臀部拉起來。不要推蹬！保持短步幅和高步頻。試著在不同的坡度練跑。

9. 上階梯跑步（【圖38.11】）

　　這邊所進行的上階梯跑步訓練只是輔助

【圖38.10】上坡跑步。

第38章
改善腿部的錯誤動作

性的姿勢練習，並不是艱苦的體能訓練。每趟只要跑二十階左右就可以了。跑的時候保持穩定的節奏。當你的腳從每一級階梯往上抬時，不要推蹬，放下腳掌時也不要使力。盡量以輕巧、有節奏的步伐往上跑。

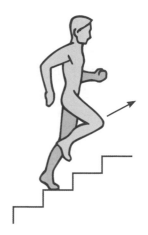

　　切記，上述每項練習都不要跑太長，仔細去感覺這些練習項目對你整體跑步技術的影響。如果能用攝影機拍下練習時的動作，再以慢動作播放，將會很有幫助，你會發現把腳掌直接朝臀部向上拉起的正確技術與帶著腿尾巴跑步的差別。

【圖38.11】上階梯跑步。

　　「姿勢跑法」中更進階的技巧，來自於非支撐腿的膝關節在空中是否能自在地彎曲，這樣可以減少腳掌在空中的擺盪時間。腳掌就像擺錘，擺盪的時間愈短，腳掌移動的速度愈快。也就是說如果利用短鐘擺的步伐來跑步，步頻就會相對提高。此外，此種跑法的額外好處是減少大幅度擺盪所造成體力耗損，像是把腳前跨、在身後形成腿尾巴或是腳掌拉得太高，都是屬於長鐘擺的跑法，不但會拖慢步頻，也是在浪費能量。短鐘擺的跑法可以花較少的體力讓腳掌（鐘錘）移動得更快。

6

過度上拉

形成腿尾巴的成因除了上拉不足之外，另一個相似的錯誤是過度上拉。當你的腳掌離地之後，如果你仍持續用力向上拉，也會造成腿尾巴。你持續用力的時間愈久，腿尾巴就會拖得愈長。你必須知道，當騰空腳被持續向上拉起時就無法自由地向前擺盪，步頻也會隨之變慢。過度向上拉起腳掌的跑法會致使後側的肌肉痠痛，甚至受傷。

有一些特別的練習動作可以改善這些問題，但首先你必須先認清「姿勢跑法」中「拉起動作」的功能。試著想像汽車引擎裡的活塞，活塞上下交替運動的過程只在設計吻合的氣缸內進行，而且只有在活塞棒接觸氣缸底部的瞬間，火星塞才會被「點燃」（fire），引爆空氣推動活塞棒向上，藉以帶動車輪轉動。

同樣地，腳掌碰觸地面身體快速來到「關鍵跑姿」與向前落下結束的這一瞬間，肌肉被動用力支撐體重，接著快速轉換成向上拉起的動作。這純粹是從地面「向上拉起」腳掌的動作，用力只發生在剛開始拉起的那一瞬間，而非持續性的用力。當你的腳掌離開地面後，就讓它隨著最初的彈力與肌肉收縮的慣性自然向上。是的，上拉動作的主要作用肌群是腿後肌群，但你只要專注在動作，不用刻意使特定的肌肉用力。經過數百萬年來的演化，肌肉發力的模式已經深植在我們的身體裡，執行動作時，肌肉發力是自動的過程，無須意識下令。

上拉的動作只在快要離地前的那一瞬間，腳掌離地後腿部就要放

第 38 章
改善腿部的錯誤動作

鬆，讓它隨著身體向前移動的動量（momentum）和腿部的慣性（科氏力），自然地向前擺盪。

前面已經提到許多過度上拉造成的錯誤，但很少有人提出改善這些缺點的訓練方式。下面將列舉幾項非常有效的訓練法：

1. 夥伴在前方以彈力繩拉著你跑（【圖38.12】）

將彈力繩分別綁在雙腳腳踝上，請夥伴用手拉緊彈力繩，在前面帶著你一起跑。當你被拉著跑時，彈力繩的拉力會阻止你的腳掌拉得太高。試著以舒服的節奏跑五十公尺，隨後解開彈力繩，保持同樣的感覺繼續跑一小段。

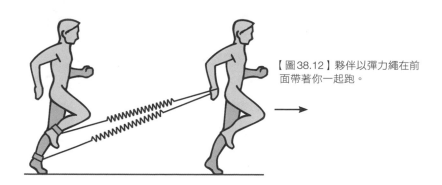

【圖38.12】夥伴以彈力繩在前面帶著你一起跑。

2. 以彈力繩輔助原地跑（【圖38.13】）

分別將彈力繩的一端綁在雙腳腳踝上，另一端固定在身後的牆或

欄杆上，練習原地跑。在這一項練習中，專注於支撐點的轉換與平衡的維持上。試著把支撐腳腳掌拉到騰空腳腳掌的高度之後再使原本的騰空腳落下。當然，你無法做到。但是當你企圖這樣做時，你自然會了解騰空腳放鬆且輕柔地落下是什麼感覺。每一組練習，在原地跑二十～三十步左右即可。

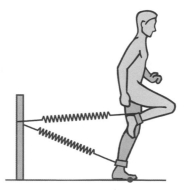

【圖38.13】分別將彈力繩的一端綁在你雙腳腳踝上，另一端固定在身後的牆上，練習原地跑。

3. 彈力繩高舉過頭跑（【圖38.14】）

分別將彈力繩綁在雙腳腳踝上，雙手抓緊彈力繩向上高舉過頭。做這項練習時需要確認彈力繩是否夠長。這項練習能迫使你的腳掌直接朝臀部拉起，也能幫助你體會瞬間「點燃」上拉動作的感覺是什麼。一開始進行這項練習時，最多不要超過五十公尺，仔細去體會「點燃」之後腿部肌肉在空中完全放鬆的感覺。

在完成上述每一項練習之後，要立即解開彈力繩回到正常的跑步，但不要跑太長。

【圖38.14】分別將彈力繩綁在雙腳腳踝上，雙手抓緊彈力繩向上高舉過頭。

第38章
改善腿部的錯誤動作

你可以先用攝影機拍下你原本的跑步動作，完成這些練習動作之後立刻再拍一次。你可以比較兩者間的跑法有什麼差別，也可由此確認錯誤是否改善。當你在影片中看自己的動作時，還要試著從動作中去回想當時跑步的感覺，使每個動作連結到你當時出力的部位，如果你能確實掌握其中的差異，那將使你跑得更加完美。

擺盪腿的常見錯誤

擺盪腿在空中常犯的錯誤大部分是因為「做太多」，而非做太少。比如說，當擺盪腿超過身體重心前方時，大都是因為你把大腿向前頂或向上抬，或是你在腳掌著地的過程中主動用力向下踩。

這些錯誤很容易理解，因為大部分人都曾看過跑者在加速時「一步步重踩地面用力向前跑」的畫面。如今，我們認識「姿勢跑法」後，就知道跑步不是這麼一回事，向前加速的方式是讓身體更有效地運用重力，增加向前落下的角度。然而，舊有的跑步習慣很難改，特別是一些根深柢固的動作模式很難打破。所以許多跑者在學習「姿勢跑法」時，常常以為自己已經很放鬆了，但事實上仍在主動用力「驅使」自己向前，浪費多餘的體力。

把大腿往上抬這個多餘的動作不只是浪費體力，還會增加擺盪腿在空中停留的時間。腿部的擺盪就如同鐘擺，刻意上抬大腿的動作會使後半段的擺盪時間拉長（【圖 38.15】），而腿部擺盪的後半段又剛好是身體向前落下的階段，因此當腿抬得太高，它為了與已經前傾落

6

下的身體同步，騰空腿接著就得被迫用力往下，也就是說你得被迫重踩地面。這是我們最不樂意見的方式。更糟糕的是，原本在腳掌離地後就應該保持放鬆的腿後肌群，也會因為抬大腿這個動作形成不必要的緊繃感。所以，抬大腿不僅會增加著地時的衝擊力，還會使腿後肌群的負擔加倍。

【圖 38.15】腿抬得太高。

　　想要糾正跑步時抬大腿的習慣，可以透過下面一系列的練習，這些設計過的動作會限制你大腿擺盪的幅度。針對這些矯正練習，你要先明白這些刻意設置的「動作框架」背後的智慧，然後在練習中將意念專注在「動作感覺」上。

1. 在夥伴後方跑（【圖38.16】）

　　跑在你的夥伴後面，雙手伸直放在他的肩膀上，然後跟著他的節奏跑。因為你的夥伴在前面，如果你大腿抬得太高或過度向前頂就會撞到他的臀部或腳掌。如果你一直

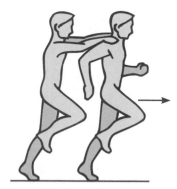

【圖38.16】跑在你的夥伴後面，雙手伸直放在他的肩膀上，然後跟著他的節奏跑。

撞到的話，他可能不會太高興。前面這一道「隔板」可以迫使你做出
垂直向上拉起腳掌的動作。試著搭著他的肩跑上一百公尺，然後記住
這種感覺，隨後放手看看自己是否能以同樣的動作繼續跑。

2. 雙手後伸跑（【圖38.17】）

雙手在身後保持交握的姿勢向前跑，
此時手臂要完全延伸。你會發現，以這樣
的姿勢跑步除了限制大腿向前甩動之外，
還可以有效克制身體擺動的範圍。如果跑
步時你習慣擺動肩膀（那是另一種浪費體
力的多餘動作），當兩手臂在身後伸直且
手掌交握的情況下，肩膀就能保持固定。
另外，如果你還是用腳跟先著地再用腳尖
推蹬地面前進的跑法，而無法自然地以前
足先著地，這項練習將會有大幅的改善效
果。雙手都在背後時很難用腳尖去推蹬地
面。這項練習同時也可以穿插在長跑訓練

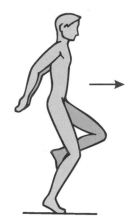

【圖38.17】雙手在身後保持
交握的姿勢向前跑，此時手
臂要完全延伸。

課表中，做為自我檢測跑步技術的方法。在長跑過程中，偶爾使雙手
交握於身後，如果你發現腳掌與地面接觸的感覺有明顯改變，代表你
一定做錯了什麼事。

6

腳掌著地時常見的錯誤

　　當你的跑步技術練得夠好，腳
掌應該會輕盈著地，而且著地位
置是在身體正下方。這項技巧看起
來似乎很簡單，但做錯的話可是會
造成非常多的問題。基本上，腳掌
落地位置偏差最容易造成受傷。這
種錯誤的主因是由於「過度跨步」
（【圖38.18】），腳掌的著地點超過
身體的重心前方，過度跨步的連動

【圖38.18】過度向前跨步。

問題是：腳跟先著地後，接著落地壓力再轉移到前足，最後以腳尖蹬
地（【圖38.19】），而且在著地過程中主動用力下踩或向後扒地（【圖
38.20】）。

【圖38.19】以腳跟先著地，落地的壓力就必須從腳跟轉移到中足再到前足。

【圖38.20】腳在著地時，主動向下施力。

在矯正這些錯誤之前，你必須先接受它們是錯誤的事實。如果你還是相信當前普遍流行以腳後跟先著地，滾動腳掌，最後以腳尖蹬地的跑法是正確的跑步技術，你就絕不可能完美地以蹠球部著地，更不可能學會「姿勢跑法」。你要先承認自己的錯誤，才有可能矯正它們。

讓我們針對「腳掌著地」這件事思考一會。首先，你的腳必須向身體的前方伸出去。有很長一段時間大家都認為跑步就應該這樣：把腿往前伸，花力氣把身體拉向前方，再用小腿推蹬地面。在認定這樣的立場之前，試著赤腳在柏油路上跑跑看，怎麼樣？會想用腳跟著地嗎？當然不會。失去鞋子的保護與緩衝之後，著地時的衝擊力會直接從腳後跟傳上去。

當你赤腳在柏油路上跑步時，你不敢向前跨步，腳掌會自動落在接近臀部下方的位置，當落地點在臀部下方時就會很自然地以前腳掌著地，因為那樣的衝擊力最小。有任何疑慮嗎？讓我們先回到一九六〇年奧運會場上，認識一下當年的馬拉松冠軍得主阿貝貝，他就是以赤腳跑完全程。儘管放心，他當然不是以腳跟著地。也許你還是會懷疑，認為那是早期的奧運才可能發生的事，但當時（約五十年前）阿

貝貝跑出兩小時十五分十六秒的成績，而且賽後他還若無其事地說道：「同樣的路我可以很輕鬆地再跑一次！」

　　現代跑鞋的緩衝鞋墊雖然可以避免因為技術不當所要忍受的痛苦，但穿著厚墊的跑鞋並不會讓你的跑步技術變正確，反而助長你跑步時用腳跟先著地。腳跟先著地，會讓腳像黏在地面上似的拖長腳掌滯留地面的時間（【圖38.21】），降低步頻、抵制前進的動力，還會對關節、韌帶、肌腱和足底筋膜造成更大的負擔。此外，腳跟先著地也會抵消重力所帶來的推進力。總體來說，就算它沒有造成太大傷害，但穿著鞋跟厚重的跑鞋對跑者沒有好處。

　　為了在你的心裡建立前足先著地的正確意象，最開始的概念很簡單：當你的腳掌停留在地面上同一位置的時間愈長，剎車效應就愈嚴重。更不用說，那也會降低你把重力轉換成向前推進的效能。當你向前跑時，我們希望身體在框框內維持「關鍵跑姿」，而且腳掌盡量落在身體的正下方，轉移體重的時間盡可能愈短愈好，落下一結束就拉起來。理由很簡單：待在同一個地方的時間愈短，身體前進得愈快。

【圖38.21】腳黏在地面了。

第38章
改善腿部的錯誤動作

1. 小馬踮步（【圖38.22】）

　　小馬踮步看似簡單，其實很難完全掌握，但它的確是正確跑步技術的基礎。雖然這個動作很簡單，但它的挑戰就在於你必須完全做對，只要做對了，其他動作就比較容易領會。小馬踮步時，你的主要目標是花最少的力氣完成動作，動作的幅度要小。先在原地練習，練到完美的平衡之後再向前移動。

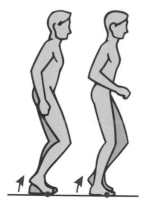

【圖38.22】小馬踮步。

　　當你把體重放在其中一隻腳掌的前緣時，另一隻腳點地，維持這個動作讓身體保持平衡。接著透過快速聳肩的動作，把體重轉換到另一隻腳掌上，原本的支撐腳同時稍稍提起，變成以腳尖輕觸地面。剛開始每轉換一次就稍做停頓，確認自己動作有沒有做對、有沒有穩定地保持平衡。當你逐漸熟練之後，就可以開始逐漸減少停頓的時間，雙腳快速交替踮步，持續做三十秒以上。

2. 彈力繩綁在腰際與腳踝（【圖38.23】）

　　分別將彈力繩的一端綁在雙腳腳踝上，另一端綁在腰際來進行練跑。在這項練習中，彈力繩能引導腳掌直接垂直向上拉起，隨後也會直接向身體下方落下，因為這樣由彈力繩所帶來的阻力最小。你可以

體會腳掌擺盪愈小愈輕鬆的感覺。任何想要加大腿部擺盪幅度的動作都會增加彈力繩的阻力。

　　把彈力繩綁在腰際與腳踝後，也可以進行之前提到的練習方式，像是小馬踮步、上坡跑、階梯跑。彈力繩可以幫助你垂直向上拉起腳掌，也能保證它剛好落在身體的正下方。

【圖38.23】分別將彈力繩的一端綁在雙腳腳踝上，另一端綁在腰際來進行練跑。

3. 在草地上赤腳跑（【圖38.24】）

　　雖然你也可以像阿貝貝一樣在柏油路面上赤腳跑，但你還不需要這麼做。剛開始，選一片柔軟的草地，在上面小跑一會兒，可以幫助你體會前足先著地的具體感覺，同時你也會覺得赤腳在草地上用腳跟著地跑起來很奇怪。你可以在平坦的草地上跑個三十公尺，也可以在高爾夫球場芬芳的草皮上從第一洞跑到第十八洞。總之，你可以用赤腳在安全的草地上盡情跑。

　　當你剛開始從腳跟著地的跑法改成前足先著地時，你會有一段時間覺

【圖38.24】在草地上赤腳跑。

得小腿肚很痠。這是正常的現象，不用太擔心。它將會持續幾個星
期，但是當你的身體習慣以後，小腿痠痛的現象就會永遠消失。

　　有一位跑者透過我先前出版的教學影片，學習「姿勢跑法」一陣
子之後跟我說：「開始學習『姿勢跑法』之後，我的小腿痠到不行，
但膝蓋和下背部疼痛完全消失了……『姿勢跑法』真的完全改變我的
跑步方式。」

4. 在沙灘上赤腳跑（【圖38.25】）

　　在草地上或沙灘上赤腳跑，這兩種練習型態很像。不過，沙灘跑
另有功效。第一，它不用特別高級的科技設備就能分析你的步態。只
要你在沙灘上跑個五十公尺，慢慢走回去看剛才的腳印，如果你以腳
跟著地，腳印會很深，尤其腳跟的部位。第二，支撐腳在沙灘上停留
的時間愈久，你的腳掌就會陷得愈深。但如果你每一次著地的位置都

【圖38.25】在沙灘上赤腳跑。

很靠近臀部正下方，身體就會像在沙地滾動的球一樣，只留下淺淺的印子。然而，如果過度跨步以腳跟先著地，你的腳掌將會不斷深陷在沙裡。

5. 以交叉步跑（【圖38.26】）

先前也提過這個練習動作，它會強迫你用腳掌前緣著地。以交叉步側向移動自然會限制你跨步的幅度，你無法在交叉步側向移動時以腳跟先著地。因為在側向移動時，腳掌和它落下的方向垂直，所以你無法以跨步的方式滾動腳掌前進，只能靠提高步頻來加快側移速度。

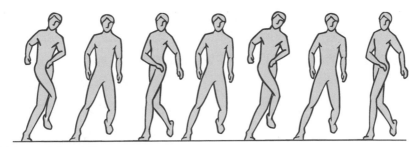

【圖38.26】交叉步跑。

綜合以上的各種練習，你必須把下面關於著地的要領記在心裡：(1)使腳掌的落地點接近在臀部下方；(2)自然地以前足先著地；(3)著地時膝關節永遠保持彎曲；(4)腳掌與地面接觸時盡量放輕鬆，只是支撐，不要花多餘的力氣推蹬。

第 38 章
改善腿部的錯誤動作

矯正腳掌離地前的跑步姿勢

　　腳掌離地前的跑步姿勢為什麼會發生錯誤呢？聽起來有點讓人難以理解。盡量縮短支撐腳的著地時間，不是「姿勢跑法」的重要原則之一嗎？當你跑起來像是踩在熱煤上，腳掌與地面接觸那麼短時間的跑步姿勢又怎麼會錯呢？沒錯，我們現在就是要來檢視與地面接觸那一瞬間所發生的事。

　　不管跑在哪一種路面上，每次當你的腳掌落地後，都應該立即回到完美的「關鍵跑姿」（【圖38.27】）。如果你拿攝影機拍下自己跑步的過程，切割成不同的畫面來分析，會發現每次的「關鍵跑姿」看起來都一樣。除了姿勢一樣之外，在那瞬間你的思想和肢體上的感受也應該保持放鬆與平衡，卻又同時像彈簧一樣在框框內被緊密壓實。你應該集中所有的精神，把身體各個部分的鬆散氣力導引在一起，像是一台精密組裝過的高效能生化機器一樣。你必須持續提醒自己盡量少花力氣，多運用身體本有的彈性。最簡單的要領是：專心以最輕柔的方式把體重從一隻腿轉移到另一隻腿。那就會使抵制推進的效應降到最低。

【圖38.27】完美的「關鍵跑姿」。

下面的練習動作就在強化上述的概念，也可以用來說明那一瞬間的「關鍵跑姿」必須調整到完美的理由。

1. 以藥球來練習平衡（【圖38.28】）

站在藥球上以「關鍵跑姿」保持平衡，這個練習看起來夠簡單了吧！但站在上面時，任何造成失衡的細微動作都會被放大。如果你覺得身上有某些較小的肌群為了保持平衡不斷地用力，表示你的基本功——「關鍵跑姿」並沒有你想像中的那麼平衡與穩定。「關鍵跑姿」練到精熟，不只是在藥球上保持平衡而已，目標是站在上面時身體要非常放鬆。

【圖38.28】站在軟式藥球上以「關鍵跑姿」保持平衡。

2. 用「關鍵跑姿」進行彈跳練習 （【圖38.29】）

進行這項練習的過程中，仍然著重在平衡與放鬆。在原地練習即可，不用像要跳過什麼東西一樣跳很高，只要離地後用最少的力氣把腳掌瞬間拉離地面，接著以「關鍵跑姿」著地。

3. 利用跳繩練習單腳彈跳（【圖38.30】）

這項練習或許最能讓人體會到如何花最少力氣拉起腳掌。在進行

第38章
改善腿部的錯誤動作

【圖38.29】用「關鍵跑姿」
進行彈跳練習。

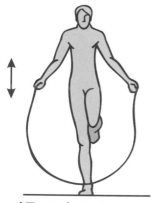

【圖38.30】利用跳繩練習單
腳彈跳。

這項練習時，先以「關鍵跑姿」保持放鬆，彈跳的高度只要讓跳繩剛好可以通過腳掌下方即可，不用跳太高。你會發現彈跳時身體會自動以前足先著地，而不是腳跟。

　　如果能拿攝影機拍下這三種練習的情況，你就能以慢動作播放的方式來觀察自己在腳掌落地和「關鍵跑姿」之間的畫面。假若你能縮短落地瞬間轉換到「關鍵跑姿」的時間，那你就能跑得更快。腳部動作的循環週期，取決於腳掌落地初期動作和另一隻腳掌從地面拉起的速度，落下與拉起的動作愈快（這兩者同時進行），步頻就愈快，也能更有效地利用重力。

6

　　不管你用跳繩或是藥球來練習，最好在練習完這些動作之後小跑一下，仔細體會剛剛練習時的感覺，把它實際應用在跑步當中。總之，腳掌著地之後要盡快回到「關鍵跑姿」，但那站姿只能維持一瞬間，那一瞬間愈短愈好。

雙腳騰空時的常見錯誤

　　我們都知道走路與跑步的主要差別，在於後者會有一段雙腳同時騰空的時間，但我們卻把跑步時的騰空階段留到最後來談。很有趣，不是嗎？

　　在大部分的跑步教學課程中，雙腳「騰空」的時間獲得最多的注意，大都特別強調「推蹬」與「驅動」身體前進的技巧，因為那些技巧所強調的是如何讓跑者在空中飛得更遠。但如今，你應該能預期到我要提出的反對意見：不要再這麼做！盡量減少雙腳騰空的時間。不要刻意驅動身體前進。請不要浪費任何精神與體力在那上面。

　　我並非要提出什麼反對物理力學原理的主張，也不是想證明牛頓錯了。我們仍站在相同的力學原理上，只不過我建議你從不同的角度來檢視跑步技術。

　　不要再想著「該怎麼做才能把身體向前推進」，你可以換個角度來思考前進這件事：「在跑步時有哪些『力』存在，哪一種是既充足而且永不改變，是你腿部肌肉的力量還是重力呢？」從這個視角往下思考，想像你正在跑下坡。任何有經驗的跑者都知道在跑下陡坡時，

最大的問題不是跑快一點，而是跑得太快了。在那時候你所關心的是
如何掌控速度，而非放縱地加速前進。

　　「姿勢跑法」的概念也是如此，使你在平路上也能有效地轉換重
力為前進的推進力，像在跑下坡一樣被它拉著跑。只要移走身體下方
的支撐腳，讓重力完成它的工作，就像你在跑下坡一樣讓它拉著你前
進。所以任何會抵抗重力的動作都將使你減速。而「騰空」這個概念
的本質，正是在對抗重力，當你推蹬地面時其實就是在跟重力搏鬥。
所以，不要這麼做。

【圖38.31】不要推蹬。

　　不要伸直你的腿，也不要用腳尖去蹬
地。總之，不要用腳推地（【圖38.31】）。
　　前面我們說明了「姿勢跑法」所強調
的，就是讓你在平地時也能像在跑下坡一
樣被重力拉著跑。我們可以舉一個例子
來說明。試著想像你被一台摩托車拖著
跑。繩子綁在你的腰和摩托車後面（【圖
38.32】），當摩托車啟動開始加速時，你
會感覺像在跑下坡一樣。如果你把腳伸
直，又用腳尖去蹬地，你很快會發現自己
正在跳著前進，而且身體在落下時必須承擔很大的衝擊力，就像在下
陡坡時跨大步向前衝的感覺一樣。但如果你能改變跑法，加快步伐，
你就能輕鬆地跟上摩托車拖動的速度，上半身也能保持直立。「姿勢

6

跑法」的概念就只是把摩托車的動力取代成重力而已，你只要保持放
鬆，讓它帶著你向前跑。說穿了，「姿勢跑法」就是這樣而已。

那麼什麼樣的練習能夠減少騰空的因素呢？上述全部！每一項你
所做的練習都是為了幫助你放鬆而設計的。當腳掌離開地面時，身體
保持柔軟的「關鍵跑姿」，隨後讓重力拉著你前進。沒有比這更容易
的跑法了。

【圖38.32】讓摩托車拉著你跑。

第39章
改善軀幹的錯誤動作

你有沒有想過,在跑步時軀幹有什麼功能呢?它需要動嗎?它對前進有幫助嗎?如果需要移動,它是被動還是主動?它是被雙腳載著跑的負擔,還是前進動力的來源?

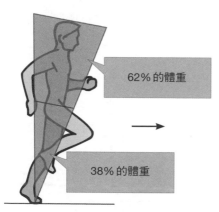

【圖39.1】身體重量分布圖。上半身較重的身體,比較容易利用重力向前跑。

基本上,軀幹是體重的主要容器(【圖39.1】),它必須夠強壯,才能在承受所有重量之下還能維持姿勢,又不會疲累。它還必須要有彈性,才能減低衝擊。而且,在跑步時它必須保持「安定」,才能避免任何不必要的動作損害前進的流暢度。

整體來說,跑步時軀幹的動作很簡單:只要保持上半身放鬆就好。但其中仍有一些微小的偏差會打亂你的技術,使你的效率變差。

最常見的是上半身往前彎。這可能是疲勞造成的,也可能是你想利用身體前傾來轉換重力向前跑時,不自覺地彎腰(【圖39.2】)。但「姿勢跑法」提出「向前落下」的概念是指「整個身體」,而非只有上半身。

這裡我們必須了解「前傾」和「落下」所代表的不同意義。首

先，字典[1]上對「前傾」的定義是「從直立的姿勢轉成向前傾斜」，這裡指的是一種已完成的靜態姿勢；但「落下」是指重力作用下的動態現象，它的定義是「把體重傳遞到不同的支撐點」，這個支撐點可能是地面、牆面或另一位訓練夥伴。

如果向前彎腰，你會不自覺地增加背部肌肉的緊繃感。而且心理上為了保護身體不要跌倒，你會自然地往前跨步，這樣做不僅會浪費體力，同時會造成剎車效應。總之，向前彎腰既耗費體力，又會使你跑得更慢。

另一種常見的錯誤是身體向後仰（【圖39.3】）。會這麼做的原因可能是因為疲勞或是速度太快所產生的心理反應。想一下你衝得有點快，你的身體會下意識想往後仰的感覺。但這樣做不但無法讓你輕鬆，還會讓前進變得更困難，因為

【圖39.2】身體前傾，不自覺地彎腰。

【圖39.3】身體向後仰，其實就是在阻止身體前進。

第 39 章
改善軀幹的錯誤動作

當你身體向後仰時，前腳會跑到身體重心的前
方，會大大降低利用重力引你向前的機會，整
個生物力學效率也會大打折扣。

軀幹左右搖晃比較少見，這種錯誤是由於
轉換支撐點時過度用力的結果（【圖39.4】）。
之所以會過度用力，是因為腳支撐在地面時想
要用力推蹬地面把身體往前推。這種過於積極
的推蹬，會讓你的身體不夠穩定，導致左右搖
擺，也會限制腳步，使你拉起支撐腳時變得更
困難。

【圖39.4】下半身過於
積極地用力會造成軀
幹不必要的搖擺。

最後一種錯誤是由你的肩膀造成的。很多
人跑步時肩膀甩動太頻繁，那對前進完全沒有幫助，反而會浪費體
力。肩膀應該在你轉換支撐點時盡量穩定保持「平靜」。通常過度甩
動肩膀的原因，是腳步偏離身體重心的垂直線，但也有可能是因為你
過度甩動肩膀造成腳步左右偏離，這兩種錯誤動作會互相影響。左右
偏離的跑姿就像沒鎖緊的輪子一樣，既費力又沒有效率。

矯正軀幹動作的前提是：你必須將「姿勢跑法」通盤想過一遍，
回憶一下軀幹扮演的角色。當你從地面拉起腳掌與進行換腳支撐時，
要不斷地覺察軀幹的位置。

檢視軀幹是否在「平靜」狀態最簡單的方式，就是跑步時兩手
交握成拳，然後向前平伸與肩同高（【圖39.5】），如果你的手往左

或往右偏得很嚴重，代表你的腿有用力推蹬。同樣的方式，你可以將兩手換放在背後，這時你會對臀部和腿部的動作特別有感覺（【圖39.6】）。你甚至可以在跑步時觀察你的影子，看動作有沒有做太過，或者跑步的姿勢不良。而且不時要提醒自己：所有的動作是在軀幹下方完成，不是透過軀幹去完成。就像汽車的底盤只是靠輪子帶著它移動，本身沒貢獻任何前進動力的身體軀幹也一樣，它可以在跑步過程中湊一腳，但不能阻礙你流暢地向前跑，這就是幫最大的忙了。

【圖39.5】跑步時兩手平伸向前與肩同高，手掌交握成拳。

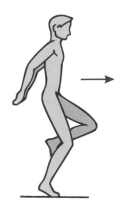

【圖39.6】跑步時兩手交握在背後。

譯注：

1. *Webster's American English Dictionary* (1999). Federal Street Press, Springfield, Massachusetts, p.191.

第40章
改善手臂的錯誤動作

跑步時手臂會有哪些錯誤動作嗎？最基本的是，要注意你的手臂與腳步是否完美地協調同步。跑步時，我們要像一部平衡且組裝完整的機械，腿部的動作是決定身體其他部位的重要基準，任何與腿部不協調的動作都會打亂跑者的節奏。

想讓手臂的平衡能配合腳部的需求，絕大部分得歷經心理的調適過程，必須回溯很多過去先入為主的跑步觀念。例如腿往上抬的時候，我們會企圖想用股四頭肌「驅使」腿前進，這就會產生問題。同理，任何企圖用手臂動作驅使身體往前跑的方式，勢必會破壞我們辛辛苦苦維持的完美跑步方式。

這種跑法的最好例子就是短距離跑者！像是一英里（約一點六公里）的選手，他們從頭到尾幾乎都是用百分之百的力氣在衝刺。

【圖40.1】「過度擺動手臂」只是浪費能量，無法幫助身體前進。

尤其到賽程的後半段，他們必須在已經過度疲勞的身體中再撐出力氣來加速，於是跑者開始賣力擺動手臂（【圖40.1】），之後會發生什麼事？第一，過度擺動的手臂會造成身體偏離跑道，你可能每隔幾步又要花力氣把身體調回正確的方向。第二，跑步時能量應該都要用在腳上，但手臂突然需要能量就必須從腳部傳送過來，腳的能量就會被分

6

散掉。第三，手臂會快速累積大量的乳酸，讓它在短時間內變得跟石頭一樣硬。這時疼痛產生的不舒服訊息會傳達至腦部，等於是在宣告「所有系統『現在』就關機」。

一切狀況就是如此，擺動手是很不聰明的方式。首先，過度擺動的手臂會破壞整個身體的平衡，臀部必須增加額外的動作讓全身盡量擺直，然後往終點直線前進。

第二，身體能量的平衡機制就是把能量輸送到最需要的部位，所以在最後階段擺動手臂衝刺，身體就無法將最後一丁點能量傳到腿上，還被迫必須大量傳送到手臂，而且還要額外將能量轉移到其他身體部位，讓身體維持直線前進。

最後，跑法走樣加上身體的疼痛會破壞影響跑者表現最關鍵的層面——心理平衡。身體安定就能定下心去完成事情，可是手臂過度用力就會讓心處在慌亂狀態，它必須處理一堆糟糕的訊息和疼痛，結果就無法專注，還會出現一堆負面想法。

也許你在奧運或其他比賽場上，看過跑者在終點線前失去平衡的衝線畫面，他們的身體在衝線之後好像失去自主控制般倒地抽搐。許多在場的觀眾可能會為他們的奮戰精神歡呼鼓舞，但事實上，那是他們使力太過，而且用錯方法。這樣的景象實在不是太美。

對有企圖心的跑者來說，他們會想盡量做好每一件事情，讓自己的表現可以達到完美，但「姿勢跑法」要求的完美，不只要求你做對的事，還必須避免做錯的事。但最重要的，是要有正確的心理和對技

第40章
改善手臂的錯誤動作

術的掌握。

　　回想一下之前提過這樣的概念：跑者就像是一部機械。我們知道，腿部負責實際的前進工作，這使身體剩下的其他部分變成跑步過程中較次要的。在這個機械系統內，內在的能量不斷循環，從雙腳開始，通過軀幹，從手臂流出。這股能量的循環流動，是維持平衡的關鍵（【圖40.2】）。

　　基本上，當身體在行進間的平衡穩定性愈好，你向前跑的軌道就會愈筆直。換句話說，身體平衡性愈好，身體的運作效率也會愈好。當身體處在高效率狀態時，用在維持動作所需的整體能量就會降低，連帶的身體的負擔就會大幅降低。換句話說，穩定平衡狀態的跑法，會大大減輕骨頭、關節、韌帶、肌腱和肌肉的負擔。

【圖40.2】手臂在跑步過程中的主要功能是為了保持身體的平衡。

　　在跑步的機械力學中，所有的動作可以說都是經由「向前落下」開始的，接著快速轉換支撐腿。當你把腳掌從地面拉起來時，手臂的

314

6

擺動是為了保持平衡，僅此而已。

　　跑步動作強調的身體部位有先後順序，手臂基本上被放在最後，它們的動作應該盡量減少，讓身體維持在最佳平衡狀態。而身體的能量流動也是根據這樣的順序在進行。這條能量通道如果順暢，就能帶動身體和全身部位放鬆。手臂扮演的角色是去「傾聽」腳和身體的動作，然後配合它們做出相應的動作，讓身體保持平衡。

　　舉例來說，如果你跑在高低不平的路面上被絆倒，手臂會本能地調整位置來幫你盡快回到平衡。當然你不可能故意讓自己跌倒，但你可以在跑步的過程中體會到自然地擺動手臂以維持身體平衡的感覺。

　　這些都在告訴你刻意做出一些手臂動作是不對的，例如：過度擺動、試圖擺動得比腳還快、擺得太前面或者超過肩頭。輕鬆地帶著它們跑，放鬆且自然地隨著腳步擺動，再因應平衡身體的需求做調整。

7

重新省思跑步技術的主要元素

第41章
跑步的三個重要元素

在教學過程中，能把同一個概念轉化成更多學生可以理解的意義與價值是一件很重要的事，這不只是為了提高學生對所學知識的信任度，還為了使他們更深入地理解「要學什麼」、「為什麼會這樣」以及「如何做到」。學習跑步技術也是一樣的道理，必須先架構整個教學體系的主要「概念」，再把這些主要概念背後的道理解釋清楚，接著再思考該怎麼做到。以「姿勢跑法」來說，最重要的三個元素即是：「關鍵跑姿」——「落下」——「拉起」。從前面幾章我們已經了解到，這三個元素都有其自身的內涵與功能，這些功能若發揮到極致，就能成就最有效率的跑步技巧。

為什麼「關鍵跑姿」如此特別？因為它是我們能最有效運用體重的姿勢，意思是跑者剛好處於平衡且又最容易向前失去平衡的姿勢（最具移動潛能的姿勢），在這個姿勢下，跑者非常容易向前轉動。這種轉動即是上半身繞著支撐腳向前「落下」的過程，跑者的速度就由落下時轉動的角速度決定，但跑者必須維持在「關鍵跑姿」，才能有效把體重轉化成向前的動能。落下之後是「拉起」的動作，這個動作的目的，是盡快回到「關鍵跑姿」。所以落下結束後，要及時把腳掌從地面拉起，回到另一隻腳支撐的「關鍵跑姿」。不管跑步的距離或速度，跑者的每一步都必然會經過這個循環。

我們再次把跑步技術中的重要元素解釋過了，這些元素將使教學過程更有效率。教學過程中最重要的部分是確立標準，沒有標準我們將無從判斷對錯以及指引學生訓練的方向。有了標準之後，我們才能

7

定義動作品質和偏差程度。現在，我們有了「姿勢跑法」所確定的三種標準，這些標準並非我發明的，而是我發現的自然法則，每個人只要跑步一定都體驗過，而且只要多餘的動作愈少，跑步就愈有效率。

有了標準之後，我們就可以利用影片來分析跑姿了。若以每秒30fps（frame per second）來拍攝影片，一秒的動作可以分成三十張照片（姿勢）來檢視，也可以藉此計算不同姿勢之間的時間（每幀間隔0.03秒）。我的同事格弗雷澤博士（Dr. Fletcher）是位生物力學學者，我們一起在不同國家的實驗室裡，運用跑步力學的知識建立跑姿分析的視覺標記，這使我們將理論研究帶到實際運用領域，因為現在我們可以直接在影片上標出「關鍵跑姿」、落下開始與結束的時間。

透過影像分析，我們可以精準掌握進入與離開「關鍵跑姿」的時間點、落下的角度與時間，以及從觸地回到「關鍵跑姿」所花的時間。這些資訊可以幫助跑者了解自己的技術如何、缺點何在，也才能明確設立之後技術訓練的方向。

第42章
「關鍵跑姿」與體重的本質、意義與價值

我很害怕在此生終了時學會很多事情，但卻什麼都不了解。
——匈牙利生物學家、維他命C發現者阿爾伯特‧聖捷爾吉（Albert Szent-György）

姿勢是自然界共通的語言，我們可以藉由姿勢立即認出運動模式與意圖（例如惡意或善意的姿勢）。不管跑多遠或跑多快，也不論體型、性別或年齡，每一個人只要跑步就一定會通過跑步的關鍵姿勢。

「關鍵姿勢」這個概念還有更多內涵需要了解。首先，它是身體最容易使用體重的姿勢。體重即是一種力，運用體重就是「用力」的代名詞。因為只有在支撐體重的情況下，肌肉才有辦法用力，而關鍵姿勢即是身體在該項運動中最能有效運送體重的姿勢。以跑步來說，我們稱為「關鍵跑姿」，沒有任何人在跑步時會略過此一姿勢。每個人跑步時運用體重的程度會有很大的差異，而這個差異也正是決定技巧優劣、菁英選手與休閒跑者之間的最大差別。

姿勢也是世界共通的語言，每種文化中都有某些姿勢呈現特定的意圖，對運動來說，關鍵姿勢所呈現的意圖是「移動」，因為在該姿勢下重力最容易使身體向前轉動；當然，移動需要肌肉和其他不同的生理系統提供協助，像是：心肺系統、能量系統、神經系統。但這些系統都在支援姿勢，而且是最關鍵、最能有效利用體重的姿勢。換句話說：「關鍵跑姿」是所有移動要素的主導者。

不管是人類還是動物，運動中的某些關鍵「姿勢」，同時也是最容易辨認、意圖最明確的姿勢，這些姿勢大都跟求生的意圖有關。所以沒有任何人（也沒有任何動物）會搞錯具有攻擊意圖的姿勢，搞錯的人就會丟掉小命，因此每個人都對這種姿勢極度的敏感，立刻就可

7

以辨識出來。我們也可以很快地從不同的姿勢中辨識出不同的運動項目，像是我們不會搞混跳高、高爾夫揮桿和拳擊的姿勢。大部分的人也可以很輕易地分辨出菁英跑者和其他休閒或業餘跑者的姿勢，這種辨識能力是下意識的，無須學習。我們常會用「省力」、「流暢」、「輕巧」等形容詞來描述毫無缺點的完美跑姿，這種跑姿很美，美的原因同樣是姿勢，但很少人看得見。

很少人了解優美的跑姿來自何處。肌肉主要的功能，是在極有限的時間與空間中，維持「關鍵跑姿」與轉換支撐的工作，而移動的推進力，則是來自「重力」這股無償的外力。省力、流暢、輕巧的原因，是跑者運用更多無償的外力，進而節省本身肌肉的力量。所有無償的外力都來自重力，因為有了重力才有體重，有了體重之後才能轉化成向前轉動的力矩、肌肉肌腱的彈力、地面反作用力、科氏力與慣性。在這樣的觀察與邏輯下，讓我們能向前跑的力量（水平移動的力量）並非來自於跑者推蹬地面的肌肉，而是腳掌支撐於地面時體重向前落下的轉動力矩（形成水平加速度）。這並不是說肌肉不重要。剛好相反，肌肉在運送體重上扮演最重要的角色，但它是附屬在體重之下，主要的任務在支撐體重，所以沒有體重，肌肉就無法發揮功能。從這樣的觀點來看，負責鞏固與整合所有跑步元素、同時讓我們能在地面上水平移動的正是「關鍵跑姿」。

我們的工作是分析跑步技術時，從影片中找到正確的標記點，如此才能判斷在技巧上偏離標準的程度，以及確認矯正動作的方向。

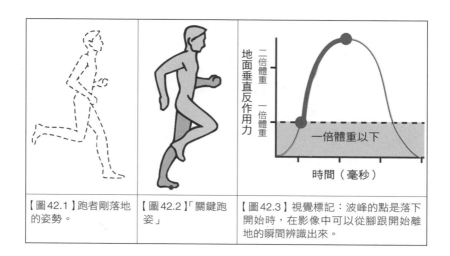

【圖42.1】跑者剛落地的姿勢。	【圖42.2】「關鍵跑姿」	【圖42.3】視覺標記：波峰的點是落下開始時，在影像中可以從腳跟開始離地的瞬間辨識出來。

　　當我們在進行影像分析時，要問的第一個問題很簡單：跑者已經處在「關鍵跑姿」了嗎？

　　【圖42.2】正是我們用來當做標準的「關鍵跑姿」。下面是我們對於標準的定義，有了標準後才能比較。所以我們可以很快用下列幾點來分辨【圖42.2】跟【圖42.1】的不同：

1. 身體的重心剛好在支撐點（前腳掌蹠球部）的正上方。
2. 肩膀在臀部的正上方。
3. 騰空腳回到臀部下方。

　　我們可以看到【圖42.1】的姿勢尚未滿足上述標準。當跑者的

7

腳掌觸地後必須盡快進入「關鍵跑姿」。技術優秀的跑者會在臀部來到支撐腳正上方時剛好回到「關鍵跑姿」（騰空腿剛好在臀部正下方），反之，技術不良跑者的騰空腳此時還會留在臀部後方。

接下來要問：跑者從「剛落地」的姿勢（【圖42.1】）到「關鍵跑姿」（【圖42.2】）總共花了多少時間（【圖42.3】中的粗曲線）？

從影片中判定「關鍵跑姿」的方式，是支撐腳的腳跟開始向上的瞬間，腳跟向上的動作正是開始落下的起點，此時地面反作用力來到最大，跑者從這點之後開始落下，換言之，跑者的身體從「關鍵跑姿」之後才能開始利用體重向前加速。優秀技術的特點是：從左邊的點到地面反作用力最高的點只會花三十毫秒（0.03秒）的時間，衝刺所花的時間則更短，這代表他們從腳掌踏實地面（左邊的點）到落下起點（右邊的點）的時間很短。從另一個角度來說，身體的動作在時間與空間中的框架裡都愈小愈好。

確定標準與偏差的定義後，接著我們要量化偏差的程度：如何量化偏離「關鍵跑姿」的時間？我們的計算方式是用影格數（幀數）。先確定你的攝影軟體，在拍攝時是用多少 fps，也就是每秒會儲存多少張照片。一般來說都是30fps，意思是每秒記錄三十張照片，也就是每張照片之間間隔0.034秒。我們一般是用「Coach's Eye」這個應用程式來分析，但還有其他的軟體可用，這個軟體的好處是可以自己設定 fps。確定 fps 之後，你就可以藉由幀數來計算「落地到進入『關鍵跑姿』」的時間。

第 42 章
「關鍵跑姿」與體重的本質、意義與價值

　　下一個步驟是要辨識出「關鍵跑姿」。我們要運用前面提到的幾個身體相對位置來確認「關鍵跑姿」是否到位。首先,「關鍵跑姿」是最能有效利用體重向前轉動的姿勢,所謂向前落下就是來自體重繞著支撐腳向前轉動,此轉動的力矩愈大,水平加速度也會愈大。這個能創造最佳轉動力矩的姿勢,就是【圖 42.2】中身體肩、臀、支撐腳呈一直線的姿勢。

　　技巧優秀的跑者在進入「關鍵跑姿」時,身體應該與地面完全垂直,如此一來,落下的起點才能從鉛直線開始;反之,技術不佳的跑者,會在鉛直線後才抵達「關鍵跑姿」。從影片分析中發現,大部分跑者的腳跟,在身體通過鉛直線之後才向上,這代表太慢了。「關鍵跑姿」是落下開始的起點,起點愈早愈好。最完美的時間點,是臀部剛好通過支撐腳蹠球部正上方之時(臀部與支撐點的連線呈鉛直線時腳掌回到臀部下方),但大多數人是在臀部通過支撐點之後才進入「關鍵跑姿」。這兩者之間的差距愈多,代表技巧愈差,向前落下的速度也會愈慢。在衝刺時這兩者比較容易同時發生,慢跑時較會有落差,所以長距離慢跑時,從這兩者間的差距可以看出跑者的技術水準,技術較差與速度上不來的長跑者都是因為這個原因。

　　因此,在跑步技術教學過程中,「關鍵跑姿」的概念必須被充分的理解與不斷地練習,才能精準地掌握正確的身體位置與體重(支撐點上壓力)在前足蹠球部上的知覺。不論我們練習哪一個技術動作,理由都非常地明確:為了提升你對「關鍵跑姿」與體重知覺的敏銳度。

第43章
落下的本質、意義與價值

子曰：「民可使由之，不可使知之。」
——《論語》泰伯第八

　　本書最後再重新省思跑步技術中的重要概念，是為了讓大家在教導與學習跑步技術的過程中能更有效率，前一章已經深入談過「關鍵跑姿」，接下來我們要談的是「落下」。簡而言之，我們唯有透過落下才能向前跑，而落下是由重力造成的。除了透過重力落下，沒有其他方法可以使跑者向前推進。許多人都以為跑步的動力來自體能與肌力，但這樣的觀念是錯的。我理解一開始要改變想法很困難，因為跑步看起來的確是因為腿部肌肉收縮與延伸才能向前跑，「肌肉推動身體前進」的想法的確很難回避。甚至有更多的「證據」來自跑者自身的感覺，他們宣稱「我每一步都在用肌肉用力推地前進」。在經過肌肉至上的言論轟炸之後，要大家靜下心來思考，進而認清「並非肌肉在推動跑者前進而是重力」的事實並不容易。

　　但要證明這件事卻相當容易，每次在課堂上我都可以立即使台下的聽眾了解「人是如何向前移動的」。我會邀請一位學生上台，先請他在大家面前向前移動，要走要跑都可以，隨後問他：「請問你是怎麼移動的？」大多數的答案是「把腿往前邁」或是「用腳往後蹬」等擺腿或肌肉用力的答案。等大家發表完意見之後，我會請他站在我前面，再把我的手掌放在他的胸口上阻止他運用體重，然後再次要求他「向前移動」（【圖43.1】）。大多數的受試者都想要邁腿，但哪裡都去不了。

　　當我執行這項實驗後，一定會問這位學生與在場的所有聽眾一個問題：「請問當他想要向前移動時在做什麼事？」這個問題非常重

第43章
落下的本質、意義與價值

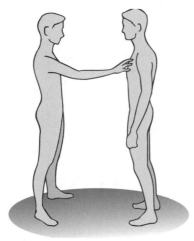

【圖43.1】體重與肌肉力量之間的關係。

要，它能幫助所有人一起發展移動的知覺。

　　聽完大家的回應後，我必然會明確指出，這位學生在企圖向前移動時所做的是「把身體向前傾」，因此我手上感覺到他的體重從腳上所轉移過來的壓力。當他被我手掌壓著無法運用體重向前落下時，不管如何邁腿或擺臂都無法前進，這顯然解釋了「向前移動的力量並非來自於手臂與腿部的肌肉，而是他的體重」。

肌肉的功能在支撐體重、維持姿勢與轉換支撐，唯有體重才是跑者移動的力量來源。這可以讓跑者了解：我們只能利用失重與「落下」的機制來移動自己的身體。

　　因為在現實世界裡很難感受到這個機制，所以造成理解上的困難。首先阻礙理解的是「重力只能垂直向下拉動物體」，這當然是事實，但當物體在地面形成支撐點時，向下的動作就被地面「捕捉」住了（停止向下移動），當此物體的重心位置偏離了支撐點之後，重力就會使它轉向水平移動。移動來自重力造成的轉動力矩（【圖43.2】），有力矩一定要有力臂，當重心在支撐點正上方時力臂等於

零，但是當重心前傾 α 角時，力臂形成腿長（r）與 $\sin \alpha$ 的乘積，體重（mg）是一股向下的力，因此動力所造成的轉動力矩 $= mg \cdot r \cdot \sin \alpha$

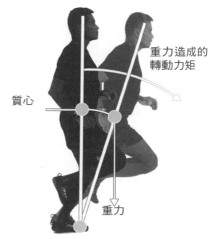

重力造成的
轉動力矩

質心

重力

【圖 43.2】跑步的動力來自重力造成的轉動力矩。

所以，一部分的重力加速度（g）就因為身體的落下角度而被分配到跑者前進的加速度去。從這樣的公式我們可以了解什麼呢？首先，如果我們假設轉動到特定角度的切線加速度為a，因此身體向前轉動到特定角度的力矩，可以表示為：$ma \cdot r = mg \cdot r \cdot \sin \alpha$，等式兩邊都有m與r，消去後可得：

$$a = g \cdot \sin \alpha$$

從這個簡化後的公式中，我們可以看到向前的加速度跟落下的角度成正比。根據我們的研究，人類跑步時落下角度的範圍介於0~22.5度之間。這跟人類身體的幾何與力學結構有關，超過22.5度之後，人類將無法從落下的狀態中再度回到平衡姿勢，所以0~22.5度是人類運用體重落下的空間。

第 43 章
落下的本質、意義與價值

　　關於落下的視覺標記。首先，跑者只有處在「關鍵跑姿」時才能利用落下向前加速，因為唯有此姿勢的體重最集中，所以能運用最多比例的體重向前轉動。換言之，只有在跑者進入「關鍵跑姿」時才是落下的起點，當跑者的身體離開「關鍵跑姿」後落下就結束了。前一章已明確指出落下起點的視覺標記，可以藉由支撐腳的腳跟開始離地來判斷。

　　接下來是確定落下的終點，這就比較困難了。先提出一個問題讓大家思考：落下的終點是在支撐結束時嗎？並不完全正確，因為落下時必須保持「關鍵跑姿」的整體性。落下的過程中，騰空腿的腳掌必須一直留在臀部下方或支撐腿膝蓋旁（【圖43.3】），只要腳掌一離開臀部下方後（【圖43.4】），落下就結束了。所以，跑者要維持良好的「關鍵跑姿」（腳掌必須留在臀部下方），才會有優秀的落下動作；當騰空腳的腳掌離開支撐腿的膝蓋附近時，就算腳還支撐在地面上，重力力矩的作用也結束了（不再具有加速度）。這是跑者之間加速技巧優劣的主要差別所在。

【圖43.3】落下時騰空腳的位置。若騰空腳往前擺盪離開支撐腿的膝蓋附近，落下就結束了。

【圖43.4】當騰空腳離開臀部下方，身體就不再具有前進的加速度了。

馬拉松 中距離
衝刺

【圖43.5】落下角度跟跑步速度有關，角度愈大，速度愈快。

　　知道落下的起終點後，接著就可以標記出落下角度，它跟你的跑步速度有關。如【圖43.5】所示，跑步的速度來自落下角度。經過我們的研究，目前一萬公尺的世界紀錄保持人貝耶查（Kenenisa Bekele），打破世界紀錄時（成績二十六分十七秒）的平均落下角度為17.5度，另一位百米世界紀錄保持人博爾特（Usain Bolt），跑出九秒五八成績時的落下角度是21.4度。

　　角度和速度之間的關係，在一九三〇年就曾經被費恩（Wallace Fenn）提出來，他在研究中提到：「……速度快的跑者在支撐期的身

第 43 章
落下的本質、意義與價值

體都會更前傾。」他沒有再進一步說明他的論點，但卻點出了關鍵的事實。在「姿勢跑法」的理論架構中，這件事至關重要。因為若沒有以正確的姿勢形成落下角度，就會跑不出速度。

　　如果我們仔細看跑者的腳掌落地後垂直於地面的反作用力（【圖43.6】），從波峰的高點到一倍體重的曲線代表跑者正處於落下加速的階段，另一層意義是：跑者只能在這個限定的框架裡加速。有趣的是下降曲線跟上升曲線一樣非常平滑，這代表肌肉根本沒有用力對地面推蹬，只是體重逐漸消失的現象。體重降到一倍體重以下之後，支撐點不復存在，轉動結束，加速度也會跟著消失。

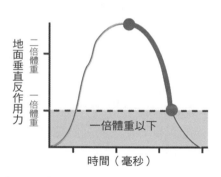

【圖 43.6】圖中的粗曲線是落下過程中垂直方向地面反作用力的變化情形，落下加速被限制在最大的地面反作用力到一倍體重之間。

參考資料：

1. Fenn W. O. (1930). Work against gravity and work due to velocity changes in running. American Journal of Physiology, 92, p.143-159.

第44章
拉起的本質、意義與價值

去看每個人都看過的事物，從中去理解沒人看清的事物。
——匈牙利生物學家阿爾伯特・聖捷爾吉

　　傳統的觀點認為跑步是一種腿部必須在地面與空中使力的運動，所以發展出了推蹬與抬膝的理論。在這樣的理論下，跑者會認為他是利用身體的肌肉推動自己前進，因此在著地後把支撐腿的關節（髖、膝、踝）完全伸直。早期的學派甚至認為大腳趾可以加快蹬腿與騰空的速度。但大腳趾可以推蹬加速這件事與解剖學及生物力學完全衝突，從幾何學與解剖學的觀點來看，關節在伸直的同時是不可能加速的，當你在運動時關節愈接近完全伸直的角度（180度），關節轉動的角速度就會愈慢。所以在關節完全伸直前會自動剎車以避免受傷。這件事實很明顯地說明了利用蹬伸（伸直關節和三關節伸展）來加速離地是錯誤的觀念。

　　過去跟推蹬綁在一起的技術是騰空腿的「抬膝」動作，這是一個把膝蓋和大腿快速往前與向上的動作。傳統認為在身體與地面垂直之後做這個動作可以提高向前的推進力，所以負責抬膝的髖部屈肌與負責推蹬的大腿肌群，必須同時發力才能使身體快速前進。但以上都只是「主觀意見」，並非客觀的事實。

　　那麼事實上跑者所主動進行的是什麼動作呢？每一個跑者都會做的是「在臀部下方拉起支撐腳」的動作，這是「姿勢跑法」的核心技術，腳掌回到臀部下方是跑者每一步的終點，這個動作的意義是回到「關鍵跑姿」，愈快回到「關鍵跑姿」，愈快進入落下階段（加速階段）。每位跑者都會做這件事，但大都是無意識地進行，拉起太慢，使得身體太慢回到「關鍵跑姿」，因此使跑者容易受傷、失去效率，

第44章
拉起的本質、意義與價值

而且無法提升速度。如何才能達到優秀的跑步技術？簡單地說：落地之後盡快回到「關鍵跑姿」。回到「關鍵跑姿」之後才能開始向前落下，所以「拉」的動作才是最重要的，而不是推蹬或抬膝。跑步就是一種以「關鍵跑姿」落下之後再快速拉起後腳回到「關鍵跑姿」的循環動作。

　　道理就是這麼簡單，自然的設計是如此的簡潔與實在，沒有任何的多餘動作，既美妙又優雅。自然不只給我們動作的藍圖、模型和軌跡，還給我們動力的來源。我們的任務是去順應自然的要求與框架。

　　至於腳掌應該拉得多用力與多高？這完全取決於落下的角度和速度，也就是說跑者要「傾聽」身體速度和角度的需求，來調整拉起的力量與高度。從下圖可以看出來，不管是衝刺、跑中距離或馬拉松，跑者都一樣處在「關鍵跑姿」，騰空腳都同樣處在臀部下方，不同的只是腳掌離地的高度，速度愈快，腳掌離地愈高（【圖44.1】）。

　　不用講也知道「拉起」這個知覺是最難的。首先，「拉起」的動作並不在大多數跑者的意識裡；再者，就算知道要拉起，大多數跑者對腳掌在

衝刺
中距離
馬拉松

【圖44.1】腳掌離地的高度取決於跑步的速度，速度愈快，腳掌離地愈高。

7

臀部下方的知覺都還不夠敏銳，當速度一有變化，拉起的動作若控制不當，錯失回到「關鍵跑姿」與落下的時間就會接連發生，進而損失加速的動能（因為體重沒有及時回來所以身體向前的轉動變慢）。當這件事發生後，沒有任何其他的能量可以補償損失，此時不管體能多少、最大攝氧量多高、力量多大或意志力多堅強都沒有用。反過來說，跑者所需的體能與意志是用來維持「關鍵跑姿」，以及在對的時間點快速拉起後腳，使腳掌自然擺回「關鍵跑姿」，接著讓落下自然發生。長距離與短距離跑者的差別只在於腳掌拉起的高度與身體落下的角度。

關於「拉起」的概念我們必須再全面地思考一次，因為它是連結「關鍵跑姿」與落下的關鍵。評價拉起動作的標準是：跑者是否有及時回到「關鍵跑姿」。這句話從時間上來說，是腳掌踩實在地面後必須在三十毫秒之內回到「關鍵跑姿」；從空間上來說，是身體在回到「關鍵跑姿」時（也就是騰空腳回到臀部下方時），身體必須是剛好垂直地面的姿勢。也就是說：如果腳掌回到臀部下方時，身體已經向前傾，就代表拉得太慢了。

前幾章我們已經討論過落下的起點是腳跟開始向上時（身體失重開始），意思是身體回到「關鍵跑姿」跟「落下開始」這兩者是同時發生，所謂技術優秀的跑者要能同時做到這兩件事，而技術偏差的跑者大都是拉得太慢，使得進入「關鍵跑姿」與落下的時間都跟著延遲。

關於拉起的動作還有一件很重要的事，就是拉起與落地（landing）

第44章
拉起的本質、意義與價值

之間的關係。經過多年研究，我們發現大部分的跑者都會下意識地把心思放在腳掌落地的過程與位置。腳掌落地方式的差異，最早是在六〇年代初期，由德國科學家東尼‧奈特（Tony Nett）所提出。從此之後，不同的落地方式就一直吸引著跑者們的注意，甚至變成討論跑步技術的基礎，進而成為大家深信不疑的事實，但其實落地方式根本無法判定技術優劣。像是前足、中足或腳跟著地這些不同的落地方式都跟騰空腳的位置有關，如果腳掌過度擺到臀部前方，就會是腳跟著地；相反地，若跑者的「關鍵跑姿」在落下過程中維持得很完整，那就會自然地以前足著地。但前足著地只是正確落下的結果，並非我們要追求的落地方式，所以我們不用專注在落地這件事，雙腳騰空時我們應該專心維持姿勢，使後腳自動擺回臀部下方，如此才能在落地後盡快進入「關鍵跑姿」與落下，只要落下的姿勢正確，腳掌也會自動用正確的方式落地。

根據上述所有的說明，「姿勢跑法」非常強調拉起的技術訓練動作。因為不管是什麼距離，拉起的知覺都是跑者成功的關鍵。

參考資料：

1. Nett T. (1960). Der Lauf, Bartels and Wernitz, Berlin.
2. Nett, T. (1964).Where the feet meet earth. "Foot plant in Running". Track Technique, March.

第45章
提升跑步成績

子曰：「民可使由之，不可使知之。」
——《論語》泰伯第八

　　跑步的目的除了獲得健康、快樂或為了減重和個人的興趣之外，還有些人是為了挑戰，透過跑步測試自己的潛能，看自己到底能跑多快。所以這群跑者，總是不斷在尋找進步的方法。這些訓練法攤開來講，似乎眾所皆知：首先想進步就不能受傷，接著要認真投入訓練、跑量要夠、吃得要營養、穿對鞋子，以及配合伸展與力量訓練等。各種跑步書籍、雜誌和網路文章大都在談論這些重點，但長期以來卻忽略「跑步技術」的重要性。

　　彼得・卡瓦納（Peter Cavanagh）曾說：「生物力學家一直把『步態』當成首要的研究項目，雖然研究很多，但教練和運動員一直在爭論何謂『完美的技術』，長久以來沒有共識。」在這本出版於一九九〇年的《長跑生物力學》（*Biomechanics of Distance Running*）中，卡瓦納明確歸納道：「當我們回過頭來看過去的跑步研究史，儘管在最近二十年已在儀器與量化技術上取得了飛躍的進步，但還是難以逃避以下這個普遍的論斷：跑步沒有標準技術可言。我們仍在試著尋找費雪與費恩兩位運動科學家，分別在九十年前與五十年前所提出的同一個問題。」

　　對於標準跑步技術的不確定性，卡瓦納教授在多年以後（二〇〇八年）接受《紐約時報》的採訪時仍說：「依我的看法，只有一種跑步方式的觀念是不對的。」他接著補充說道：「人們接受到的訊息大都是來自教練的意見，而非優秀的研究證據。」這也等於承認了一件事：跑步科學長期以來一直只是在蒐集資料以及用數據在描述現象，

第45章
提升跑步成績

而沒有建構完整的理論，這使問題一直留存到現代。

前一個世紀以來，科學家、教練與跑者們針對跑步技術提出許多的答案、解釋、模型和理論，但這些討論大都屬於主觀意見的個人陳述，雖然有些思想充滿了深刻的洞察力，有些講得很好，但有些講得很差，甚至是胡說八道。有趣的是某些言論裡總是摻雜著迷思與事實，所以更容易混淆視聽。但大體來說是沒有共識，不管是科學界還是教練界都認為沒有一體適用的最佳跑步技術存在。

重新回顧過去的研究可以讓我們看到問題逐漸成形的過程。我們先回到一九三七年，從建構生物力學的伯恩斯坦教授開始談起，他點出問題所在：「長久以來吸引研究者注意的大都是跟生理學與力量相關的知識，對於跑步技術這個主題的討論總是充斥著主觀意見，鮮少人知道跑步動作背後微妙的力學原理。」從伯恩斯坦的觀點我們可以了解，對跑步技術這個領域大家之所以爭論不休，主要是因為大家提的都是「意見」，而沒有提出既客觀又明確的「知識」。

三十年後，英國知名的生物力學家傑弗瑞‧戴森（Geoffrey Dyson）說了幾乎一樣的話：「跑步，這項最基本的運動項目既簡單又複雜，簡單是因為這是一件出於天性的運動模式，但這同時也是這項運動的不幸之處；複雜是在它的力學模式。」戴森再一次強調了同一個爭議點：用跑步來移動很自然，但卻無人提出其他人也能夠了解的移動原理。

又過了二十年，蘇聯的運動科學家納扎羅夫教授（Nazarov）寫

道：「我們所面對的是一個悖論：關於運動，我們討論了許多動作的細節，身邊也有極為龐大的資料，但卻從沒找著人類在地面上移動的根本機制。」這樣的陳述就跟之前提過的一樣矛盾，我們有很多數據卻沒有整合在同一個層次的邏輯下，也沒有統一的理論與概念可以用來解釋跑步移動的原理。

當伯恩教授（Bernd Heinrich）在他的著作《為何而跑》（*Why We Run*）中寫道：「數百萬年演化下來，陸生動物的終極移動機制就是跑步」他接著說明跑步的本質「……看起來是很簡單的設計，但細節卻極端複雜。或許跑步不像舉重，我們不用刻意練習就能跑，因為身體已經設計好了天生的跑步原始材料，只需適當的營養和簡單的指導，每個人都能上路跑。問題是原始的材料和環境中引發跑步動作的要素為何呢？簡單的指導原則何在？」這些問題的答案是什麼？看起來跑步似乎很簡單，但要了解背後的原理並不容易。

二〇一四年八月，約翰博士（Dr. John E. A., Bertram）在卡加利（Calgary）的國際跑步座談會中曾發表過一段重要的聲明：「跑步動作的表象已被描述地非常詳細，但背後的機制卻還未被理解過。也就是說我們可以詳盡描繪跑步動作的外在特徵，但我們無法了解這些特徵發生的原因。」他帶我們回到相同的結論，跑步科學一直沒有進入「概念化」的階段，所以無法用文字解釋跑步動作的背後原理。不良的後果影響跑步的各個層面，包括預防受傷、治療運動傷害、教學、訓練跑步的經濟性和提高比賽成績等。

第 45 章
提升跑步成績

　　這種不確定性顯然導向了錯誤的結論。回顧跑步風潮剛開始興起時，跑步技術並不被重視。從 Nike 共同創辦人比爾‧鮑爾曼（Bill Bowerman）的言論可見端倪，這一位世界知名的傳奇教練在他所著的《慢跑》（*Jogging*）一書中曾說過非常主觀的話：「跑步是一種不需要高超技巧就可以從事的簡單運動。上路跑就對了，不用擔心自己跑得對不對。」他的這番言論造成極大的影響，基本上我認為他要為接下來數十年間跑者普遍發生的運動傷害負責。

　　同樣的認知一直到現代都沒有改變。二〇〇八年《紐約時報》刊出一篇由吉娜（Gina Kolata）所寫的文章，裡頭提到：「優秀的游泳選手一定需要極佳的天賦和優異的技術，撐竿跳、跳高、網球和體操等選手也一樣需要天賦和技術，但本週日在馬拉松賽道上的跑者中，很難說誰的技術是完美的。」這位作者的言論基本上反映了科學家、教練和整個跑步圈對跑步技術的看法。

　　因此，當大家普遍對跑步技術缺乏認識與理解的情況下，跑步便一直在強調生理與有氧能力上的訓練。所以，跑者想進步只能練什麼？只剩苦練體力一途！跑步的技巧從來就不是訓練的重點，從來沒有被認真看待過。然而，最近十年情況有了轉變，大家開始了解到技術對於提升表現的重要性。二〇一一年有位知名的部落客在文章中寫道：「最好的跑步技術跟跑鞋無關，只與跑姿有關，什麼都不穿一樣可以學會跑得輕巧。」

　　最近《戶外雜誌》中的文章也公開表示：「幾年前普遍認為要增

7

加跑量、有計畫地訓練與減輕體重才能進步，但現在你可能必須重新思考『如何跑步』才能有所突破。」在這篇文章中提到一位名叫布魯（Blue Benadum）的跑者，在他過去跑過的三十五場馬拉松之中，不管他採用哪一種訓練計畫，成績都無法突破兩小時四十二分。但他在實驗室測得的最大攝氧量竟高達八十五（毫升／公斤／分），顯示他的潛力完全沒有發揮出來。所以他決定學習跑步技術，經過一年的跑姿調整後，成績立刻有了進展，幾次全馬的成績分別是：2:38、2:35、2:28、2:24、2:23，幾乎每次都進步。這很像知名車手阿姆斯壯的例子，他曾參加過紐約馬拉松，但以他最大攝氧量八十四（毫升／公斤／分）的體能優勢，最後只剛好跑進三小時，算是很普通的水準，不像他的自行車表現一樣出類拔萃，而且他跑完全馬後因為疼痛只能跛著腳走路。從這些數據可以看出他的跑步技術很糟。

過去數十年來都無法解決跑者受傷與成績停滯不前的問題，但若改從技術的觀點來思考這些問題就很符合邏輯了。

如今跑步界人士已逐漸了解跑步也是一種需要學習的運動。提升速度的目標並不在於你跑量的多寡，而是跟「該怎麼跑」有關，換句話說，速度跟技術密切相關。當我們在觀察菁英跑者時，他們高水準的運動表現不只是因為優異的體能和生理素質，還有外在優美的動作，這一類跑者的動作特徵是省力、流暢、輕巧與足不點地。傳奇跑者埃米爾・扎托佩克（Emil Zatopek），曾在赫爾辛基奧運上同時獲得了五千公尺、一萬公尺與馬拉松三面金牌。「埃米爾腰部以下的動

第45章
提升跑步成績

作非常輕快且富有彈性」是他跑姿最大的特色，但在當時還不清楚這跟他優異表現之間的關係為何。這正是我努力鑽研的領域，就是為了尋找「最佳跑姿」這個需求。四十年前我就認為跑步跟其他運動沒什麼不同，都需要訓練技術。

「技術」一詞的英文「technique」，是從希臘文翻譯過來的，原意是「技藝」：一種動用所有資源來完成目標的能力。我認為唯有深入了解與提升「跑步技術」，才可以幫助我們解決跑者頻繁受傷與成績停滯不前的問題。

與其說我們在學習動作，不如說我們在學習如何用該動作跟環境進行互動，進而充分的表現自己。換句話說，每一個動作都有入口與出口，身體像是一道門，所有的動作都是從外在環境接受進來轉化而成的結果，因此我們跑得如何取決於我們跟環境互動的方式是否妥當，而外在環境中最恆常不變的核心要素即是重力。所以最重要的是我們如何在動作中運用重力。

提升跑步成績涉及許多參數，過去一直沒有搞清楚的是這些變數之間的階層關係。教練與科學家慣於認為影響長距離跑者表現的主要因素是生理上的參數（像是最大攝氧量、乳酸閾值），跑步技術對成績的影響不大，但事實卻並非如此。知名教練丹尼爾曾說過：「不管你是腳跟還是前腳掌先著地，只要你覺得合適就好，都可以。」這樣的觀點曾被許多人引用。這樣模糊的意見所造成的影響極為深遠，因為當你不在乎動作的好壞，問題就會一一出現，結果也會不如人意。

7

　　我們的生理素質當然在長跑運動中扮演重要的角色，但從概念上來看，跑步的速度主要來自於技術，如果不懂得加速的核心概念，體能再好也沒有用。說得更清楚一點，加速的技術是指「運用重力的技巧」。我們從研究中得知跑步速度跟跑者在支撐期後半段的落下角度成正比。若我們把跑者的身體比喻成汽車，油箱大小決定了你可以跑多遠、引擎則決定了你的最大有氧能力。在這樣的比喻下，你無法置換你的身體，想跑得更快，就只能提升駕駛的開車技巧。

　　跑者的表現是由生物力學、生理、心理、心志與心靈上所有元素在時空中綜合而成的結果，最終所表現出來的是跑者肢體的力學結構，當每一步的落下角度愈大，跑者的速度就會愈快。想達到某個速度就需要特定的落下角度，較大的落下角度也是頂尖跑者最明顯的特徵。在我們的研究中，短距離衝刺跑者和長距離跑者在落下角度之間的顯著差異，也可直接證明角度和速度之間的關係。

　　以目前的百米世界紀錄保持人博爾特來說，我們發現他的落下角度介於21.4~21.60度之間，是所有跑者之間最大的。我們把他跟主要競爭對手泰森（Tyson Gay）拿來做比較，在二〇〇九年於柏林舉辦的世界錦標賽中，泰森的步頻是每分鐘兩百八十一步，博爾特每分鐘是兩百五十六步，但博爾特以九秒五八的成績奪得冠軍且打破世界紀錄。也就是說步頻並非速度的首要因子，落下角度才是。同樣的邏輯也可以套用在里約奧運打破四百米世界紀錄的跑者韋恩（Wayne Van Niekerk）身上，他以四十三秒〇三的成績，打破強森保持多年的

第45章
提升跑步成績

四十三秒一八紀錄。韋恩在這場比賽中的平均落下角度是20.41度，明顯大於強森的18.87度。不管是多少距離的比賽，都可用同樣的道理來解釋，包括長跑。馬拉松的世界紀錄保持人原本是海勒（Haile Gebrsilassie），後來由丹尼斯（Dennis Kimeto）打破，原因很簡單，因為丹尼斯在整場馬拉松下來的平均落下角度比較大，這跟他們的步頻或其他生理參數並沒有太大的關係。因為落下角度的大小決定了跑者利用重力向前推進的能力，所以它應該才是決定跑者實力的最主要因素，如果落下角度沒到位，你永遠跑不到特定的速度，步頻、最大攝氧量或乳酸閾值等其他任何參數都無法彌補。

　　這就是為什麼那麼多跑者無法進步的原因，如果沒有學習發展跑步技巧與知覺，也就是每一步都要在自然設定的框架內落下且快速拉起進入「關鍵跑姿」。不管跑者們再怎麼投入、訓練再怎麼辛苦、訓練量拉高或做再多有助於變強的事，都很難再進步，因為他們沒有順應自然的規則與邏輯。訓練的最高階層應該是技術，體能與力量只是用來支撐優秀的技術，當技術沒到位，體力再好也沒用。從這樣的觀點來看，只要專注在練習正確的技術，就可以把進步該有的元素全整合在一起；只要能一直維持正確的跑步技術，就能跑得更快、更遠。

7

參考資料：

1. *Biomechanics of Distance Running.* (1990). Cavanagh P. R. (editor). Human Kinetics Books, Champaign, Illinois, p.12, 31.
2. Athletes In Action: the official International Amateur Athletic Federation (IAAF) book of track and field techniques.(1985). Editor H. Payne, Pelham Books, p.9.
3. Kolata, G. (2008). There Are No Points for Style in the Marathon, *New York Times*, August 22.
4. Бернштейн Н.А. (1937). Некоторые данные по динамике бега выдающихся мастеров». Теория и практика физической культуры. С.250-261.
5. Dyson, G.H.G (1967)."The Mechanics of Athletics", University of London Press, p.109.
6. Назаров, В.Т. (1984). Движения Спортсмена. Мн.: Полымя, , p.176.
7. Heinrich B. (1995). *Why we run.* Harper Collins Publishers, p.9, 28.
8. Bertram J. (2014). What is running, and why? Understanding the phenomenon gives meaning to the mechanisms. International Calgary Running Symposium. August 14-17.
9. Bowerman W. and W.E. Harris. (1967). *Jogging.* Grosset and Dunlap, New York, p.7.
10. Romanov N. (2002). *Pose Method of Running.* Pose Tech Press.
11. Wallack, R. (September 2004) Save Your Knees. *Runner's World* ,p.109, 68-73.
12. McDougall C. (2009). *Born to Run.* Vintage Books, New York.
13. Kahn J. (2010). The perfect stride. *The New Yorker*, November 8.
14. Parker-Pope T. The One Best Way to Run. http://well.blogs.ntimes.com/tag/marathon/. November 2, 2011.
15. Huber M.F. (2016). You Need to Relearn How to Run. *The Outside Magazine*. February 15.
16. Romanov N., Fletcher G. (2007). Runners do not push off the ground but

fall forwards via a gravitational torque. International Journal of Sports Biomechanics, Volume, 6, Issue 3, September 2007, Rutledge pp. 434-452.

17. Daniels, J. (1998). *Daniels' Running Formula*, Champaign, IL, Human Kinetics, pp. 80-82.

18. Romanov N.S., Pianzin A.I. Geometry of running // Book of Abstracts of the 11th Annual Congress of the European College of Sport Science. Lausanne, 2006. p.582.

19. Romanov N. (2009). Distinctive Characteristics of Usain Bolt's Running Technique. Posetech.

第46章
學習「姿勢跑法」是一輩子的事

上帝賣所有的東西，代價是你所付出的努力。
——達文西

在現今及時行樂的社會文化中，任何欲望都急著在短時間內被滿足。不論是想要「即時瘦身」或馬上「賺大錢」，總會有某些人保證在六週內給你任何想要的東西，而且只要付三次錢就好！

但是，常識告訴我們，任何你想要的東西或想要做到的事都必須用一種更合理的方式獲得。你必須為了你的目標付出極大的代價，還要投入龐大的心力。這也是為什麼很多人最後無法實現夢想，因為一旦他們發現自己設下的目標非常困難，而且要花許多時間做出如此大的犧牲時，他們才會了解到自己並沒有那麼想要那樣東西。如果人生中最美好的事物得來如此容易，每個人都可以輕易擁有，那就會失去它們應有的價值。

事實上，大部分過胖的人之所以過胖，並不是因為他們沒有能力掌握自己的命運，而是他們欠缺一種投入，他們不願意遵循一套合理的規畫讓自己達到想要的目標。學習像「姿勢跑法」這樣的肢體技術也是一樣，你也許能很快抓到「姿勢跑法」的基本概念，但要把這些概念完全整合進你的身體和意識裡，可是一輩子的事。

不用懷疑，在學習「姿勢跑法」的過程中你將會碰到瓶頸，你會懷疑自己可以跑多快，維持「關鍵跑姿」的動作可以跑多遠。也許現在你已經「理解」其中的各種概念，也可以用標準的「關鍵跑姿」跑一小段距離，但你會發現當里程數增加時姿勢會開始走樣，然後開始懷疑自己這樣跑真的對嗎？

事實上，這跟上面所提到的情況沒有兩樣。當人們無法完成自己

第 46 章
學習「姿勢跑法」是一輩子的事

的雄心壯志時，心志就開始動搖。起初，設定新目標的人都很專注於眼前應該完成的任務，但人生總是可以討價還價。那些想要「重生」的減肥者一心想要改變生活的步調，但不久之後還是覺得開車轉進得來速買份速食套餐比較簡單，最後就繼續吃油炸的食物。一個新進場的投資者在炫耀自己新車的同時，卻把一份完善的投資理財計畫擱置不理。這種事情常常發生。

跑步也會發生同樣的情況。一開始你滿腔熱情地想學新的跑法，規畫了完美練習計畫，既專注又充滿強烈的學習動機。你會努力想了解「關鍵跑姿」中錯綜複雜的概念，把全部的精神專注在技術上，但當你上路之後，你的心神可能會移到其他地方去，像是十字路口是否有來車，或是對面那隻看起來很噁心的流浪狗，或是為了維持穩定配速不斷看手表。當這些跟技術無關的事占據你的思緒時，疲憊就會悄悄潛進你的身體。

剛開始放在跑步技術上的專注力，逐漸分神到其他事情上。即使你還不累，分神之後動作也會隨之變形，此時你最好的選擇是停止跑步。你可以暫停一下重新集中精神，或是直接終止訓練先把煩心的事情處理完再說。最重要的是要求自己：只有在集中精神於跑步動作的狀態下才跑，心思紛亂時跑步只是在訓練自己跑得更差而已。

經過長時間的訓練後，注意力會更不容易集中。第一次接觸「姿勢跑法」時，你一定急著想要進步，想要從這項技術中獲得顯著的效益，但經過一段時間之後，你的學習熱情將會逐漸衰退，只想出去放

7

肆地跑，而不想再思考關於技術的事。或者只想在「姿勢跑法」中挑選幾樣感覺比較舒服的元素來運用，像是「保持膝關節彎曲、待在框框內、不去推蹬地面」，你對自己說：「那就是我需要的全部，這樣我就可以跑得很好了！」

把這些概念放進意識裡的確是好事，這將幫助你免於受傷，也會讓你跑得不錯，但僅止於不錯，並不會讓你跑得更好。你忽略了同等重要的幾個概念，像是拉起的技巧與落下角度的開發。你是在舒適圈跑步，但也表示你將不再進步。安於現況的學習者就像爬上一片平坦的高原，你將停在同樣的高度，不再有向上進展的可能性。

有趣的是，當你列出所有會阻礙你使用「姿勢跑法」跑得更長更快的因素之後，你會發現身體上單純的疲勞或許不是最重要的。優秀的跑者，應該像高爾夫球選手、體操運動員或芭蕾舞者一樣，從他們的肢體動作上表現出強健的心理素質。當你覺得自己的實力將不再提升，體能已經到達極限，那就像是爬上學習的高原，你已經在意識裡設下無法再跑得更快的限制。如果你出門跑步時告訴自己「今天不要太過勉強」，門檻就已經立下，進步也將停止。

這樣說似乎存有許多矛盾。因為「姿勢跑法」從力學的觀點來看，被認為非常地單純。就像我們在第17章引用聖修伯里所說的：「萬事萬物，達到極致完美的境界，並非在無法多增添任何東西的時候，而是在無法再減去任何東西的時候。」我們必須不斷地移走一些無關緊要的思緒與動作，只把「關鍵跑姿」中的重要概念留下來。

第 46 章
學習「姿勢跑法」是一輩子的事

　　但是要把跑步中會浪費多餘能量的動作剔除，可是需要極大的專注力。因此「姿勢跑法」的技術不只是一些肢體上的技巧而已，它還需要搭配極度專注的心智狀態。

　　初學時，如果能以完美的正確的姿勢跑上二十～三十公尺就夠了，直到你開始覺得這種跑法變得很自然，就可以把里程數增加到你可以一直維持正確姿勢的距離。

　　當距離增加後，要繼續維持「姿勢跑法」並不是一件簡單的事。身體受到疲勞的影響，會使你失去專注力。姿勢走樣似乎是身體疲勞下不可避免的，但你也可以反過來看，只要維持正確穩定的跑姿就可以延緩身體上的疲勞，增進整體表現。總之，維持正確的跑姿是心智和身體共同努力的結果。

　　學習「姿勢跑法」的過程是一輩子的事：從基本的概念開始，再練習簡單的肢體動作，接著鍛鍊必要肌群的力量。在這些過程中沒有所謂的假期，只有持續地學習。每一次練習都是使你加深印象的新機會；每一次的比賽都是在探測你身心的潛能。

　　過了一段時間之後，你將停止再去思考關於「姿勢跑法」中的各種概念。相反地，你將把它當成跑步本身，既純粹又簡單。沒錯！跑步就是這個樣子：像人類本能似的簡單，卻也像無法捉摸的人心般複雜。我衷心地期望讀到此處的你不只能以「姿勢跑法」跑完一個馬拉松，而且還能跑上一輩子。

附錄 A
概念定義與重要原則提醒

定義

身體總質心（general center of mass, GCM）：它是貫穿整個身體系統中心的一個點，身體的其他部分都以這個點為中心保持完美平衡。

地面反作用力（ground reaction forces, GRF）：指牛頓第二運動定律──作用力等於反作用力。腳掌以多大的力量落地，地面就會以多大的衝擊力反饋回腳掌。經測量後，跑步時的地面反作用力最大可達體重的三到四倍。

肌肉彈性（muscle elasticity）：它是當肌肉被拉伸之後快速回復到原本長度的一種能力。

動作幅度（range of motion, ROM）：運動中身體與四肢移動的範圍。

蹠球部（ball of the foot, BOF）：它常被跑者簡稱為「前腳掌」，正確的位置是在種子骨關節（sesamoid joint）的正下方，在第一節骨和大腳趾中間。

「姿勢跑法」中的重要概念

「關鍵跑姿」（running pose）：它是跑者連續動作中最重要的姿勢，所有其他的動作都由此產生。

落下（fall）：它是速度的來源，跑者應該以「關鍵跑姿」向前落下，落下的角度愈大，速度愈快。

拉起（pull）：落下之後必須及時拉起後腳，才能在身體落地後盡快

附錄 A
概念定義與重要原則提醒

回到「關鍵跑姿」。

輪子（wheel）：在高效率的跑步循環動作中具有像車輪轉動的三種力學特性：第一，重心始終維持在支撐點的正上方；第二，在前進的過程中重心始終維持水平，沒有任何上下振盪；第三，連續不間斷地轉換支撐。把這三種力學特性運用在跑步上即為：第一，腳掌的落地點要盡量接近臀部正下方；第二，盡量減少身體重心的上下位移；第三，流暢地換腳支撐。

S彈性站勢（S-spring stance）：當身體處於「關鍵跑姿」時的站姿，單腳站立讓身體維持完美的平衡，重量放在前腳掌上，膝蓋微彎。此時身體像被壓縮的彈簧，充滿彈性能。

轉換支撐（change of support, CS）：把身體的重量從一隻腳轉換到另一隻腳。

垂直動作（vertical action）：從地面直接把支撐腳往臀部下方拉起。

免費動力（gratuitous forces）：重力、彈性、慣性（inertia）、科氏力[1]等，不需要經由身體代謝產生能量就能運用的力量。

優秀跑步技術的規則

1. 不管是支撐或是落下，身體必須維持一個整體。
2. 肩膀、臀部和腳踝必須保持在一直線上。
3. 膝關節始終保持彎曲，不要打直。
4. 支撐腳的體重主要是落在蹠球部（前腳掌）上。

5. 雙腳轉換支撐的速度要快。

6. 在跑者的意識中，上拉的動作是在臀部正下方直接把腳踝從地面拉起。

7. 腳掌支撐在地面時盡量不出力，保持放鬆與輕巧，足夠支撐體重即可。

8. 不要用腳掌或腳尖蹬地，而是在腳掌離地前拉起腳掌。

9. 腳掌的著地位置愈接近臀部下方愈好。

10. 不要以腳後跟著地，更不要在轉換支撐點時把重量壓在腳後跟上，但腳後跟可以輕微地觸地。

11. 也不要「刻意」用前腳掌先著地，前足著地只是腳掌落在臀部下方的結果，不該刻意追求。

12. 不要把重量轉移到腳趾上；當你的重量開始離開腳掌前緣的球狀部位時，就立即把腳踝向上拉起。

13. 加速時不要加大步伐或刻意加大動作的幅度（包括手和腿），它們是加速的結果，而非原因。

14. 不要使你的膝蓋和大腿前後擺動得太遠。

15. 腳掌騰空後就不該再主動用力上拉或拉回臀部下方。

16. 拉起腳踝之後，使大腿和膝蓋保持放鬆。

17. 不要太在意跨步與落下，只要注意抓準上拉的時機就好。

18. 雙腿肌肉不要主動用力，在空中時放鬆隨著重力落下，著地後肌肉收縮的力量只需足以支撐體重即可。

19. 不要以腳尖蹬地，也不要以腳尖著地。

20. 腳踝始終保持在放鬆狀態，不用刻意背曲或打直。[2]

21. 手臂擺動時保持自然放鬆，只要讓身體在移動腳步時保持平衡即可。

跑步技術概念提醒

1. 跑步是透過無數的「姿勢」所組合成的動作。

2. 跑者的動力與所有耗費的力氣都與「重力」有關。

3. 自在地跑即指讓身體隨著重力「自由落下」。

4. 腿部肌肉的功能只是「幫忙」把垂直的重力，「轉換」成水平前進的動力。

5. 身體之所以移動是透過持續地轉換支撐與破壞平衡來完成。

6. 轉換支撐的動作，是透過「主動拉起」的動作來完成。

7. 堅守「拉起」的概念，而非「蹬地」。

8. 跑步是一種需要學習「動作技巧」的運動。

9. 「關鍵跑姿」就好比跑步這門武術基本的「樁功」，要愈站愈穩、愈站愈輕鬆。

10. 「磨練」身心之道在於把跑步當做一項可以不斷精進的技藝。

譯注：

1. 科氏力是指「轉動系統中半徑縮短後轉動速度增加」的現象，例如芭蕾舞者在旋轉時，把手腳靠近身體時會加速旋轉。跑者速度加快時會把腳跟拉得更靠近臀部，因此腳掌繞著臀部轉動的速度也會自動增加，這個加速擺腿的現象，看起來好像是跑者主動加速擺腿，但其實是科氏力造成的。
2. (足)背曲：腳尖往上蹺，主要收縮用力的是前脛肌群。
   (足背)打直：腳尖往下壓，前脛與腳尖呈一直線，主要收縮用力的是小腿。

附錄 B
跑步常見的錯誤

「錯誤」的定義是：偏離標準

疼痛

疼痛的原因大都是因為「你做錯了某些事」；疼痛大都發生在腳掌接觸到地面時（支撐期），它是在警告你某事正在發生或是將要發生。

錯誤清單

1. 腳跟先著地。

2. 落地時膝蓋完全打直而且以腳跟著地。

3. 著地點超過身體重心——過度跨步。

4. 專注在抬膝或蹬地，而非拉起腳掌。

5. 刻意用腳尖著地（踮腳跑）。

6. 著地時腿部與腳踝太過僵硬。

7. 落地過程「過於刻意」（應該讓身體隨著地心引力自由落下）。

8. 全身肌肉太過緊繃。

9. 用力伸直後腿，以腳掌蹬地把身體往前推。

10. 腳掌太慢從地面拉起，形成腿尾巴。

11. 向左右兩側傾斜身體。

12. 過度聳肩。

13. 手臂過度擺盪。

14. 錯誤的思考（對自己下指令）。

15. 錯誤的意象（腦袋中的跑步意象）。

16. 錯誤的感覺（肌肉用力與放鬆的時機）。

運動傷害與上述這些錯誤的關聯性

1. 先以腳跟著地／後腿伸直

- 膝蓋疼痛（特別是髕骨部位）
- 臀部疼痛
- 下背部疼痛

2. 腳掌在身體前方或是超出膝蓋落地

- 前脛骨症候群（又稱「夾板症候群」）
- 壓力性骨折

3. 使用股四頭肌用力蹬伸

- 肌肉過度痠疼
- 腿後肌群拉傷

4. 刻意用腳尖著地（踮腳跑）

- 前脛骨症候群
- 足底筋膜炎
- 阿基里斯腱發炎
- 小腿過度痠疼

5. 著地時腿部與腳踝太過僵硬

- 足底筋膜炎
- 阿基里斯腱發炎
- 小腿過度痠疼

6. 落地過程「過於刻意」（騰空腳主動往下踩）

- 腳踝與腿部僵硬（肌肉緊繃）
- 足底筋膜炎
- 阿基里斯腱發炎
- 腔室症候群（前脛骨骨膜炎）

附錄 C
「姿勢跑法」常見問題 Q&A

Q：您認為目前跑者普遍存在怎樣的問題？

A：一言以蔽之：缺乏教育。跑步這項運動在二十世紀後半葉突然在歐美流行起來，但對於「如何跑」這個問題，當時的科學和教練，並無法為數以百萬計的素人跑者提供令人滿意的答案。那時候的跑圈裡充斥著含蓄、不成體系與充滿主觀意見的教條主義，尚無法透過概念來檢視與解釋「跑步是什麼」。這種對於跑步的想像形塑了各式各樣的觀念，像是：跑步動作是很個人化的、自然的、簡單的、人類天生就會的，這些觀點都自動把「跑步需要學習」排除在外。跑步是天生的、無須學習的想法在跑圈裡根深柢固，深植在教練、科學與醫療的社群裡。儘管在七〇年代，跑步運動傷害像瘟疫一樣蔓延，但長期的疫情並沒有使跑者開始認識跑步技巧在訓練和運動表現的重要性。「缺乏教育」的問題一直沒有獲得改善。

現今的亞洲（臺灣、中國、馬來西亞、印度等國）也開始走上半個世紀以前歐美國家的老路，但不同的是：解決方案已經出爐。我們帶來了具備科學理論背景與成功實務經驗的教育體系，它可以運用在各種程度的跑者身上，幫助他們提升跑步技巧與比賽成績。這套體系稱作「Pose Method」。

Q：「姿勢跑法」的獨特之處在哪裡？

A：Pose Method是第一個完整的跑步技術教學方法，這是它最特別

的地方。它的概念、理論、模型與標準都是透過科學所建構的，裡頭所謂的標準跑步技術已經過研究證實，這些研究結果並非只出自我個人，而是在世界各地眾多知名大學的實驗室裡進行。對比傳統跑步教學和訓練的觀點，「肌力」一直被認為是主要推動身體前進的力量來源。Pose Method教學體系的設計全都立基在「自然免費外力的使用」上，而這些外力全都是由「重力」所提供，因為重力，我們才能向前跑。我個人跑步哲學的觀點來自科學，而科學的根基是發現，不是發明。沒有人「發明」跑步，這就跟沒有人發明重力、X光或原子一樣。從我的觀點來看，跑步是自然演化的產物，我只是從現象中「發現」了跑步技巧的基本元素。科學家的工作是透過現象的觀察與研究來發現規律，接著再進一步描述與解釋，最後再說明如何在生活中運用這些知識來滿足我們的需求。

所有的動作都是由無數的姿勢所組成。我發現：有些姿勢至關重要，缺少了它就無法完成特定的動作。Pose Method這套教學體系就是找到每項運動中的關鍵姿勢，再根據它來設計訓練方法。在跑步這項運動中我發現一個姿勢，稱之為「關鍵跑姿」（running pose）。我發現每個人只要跑步，無論跑者的速度、距離或能力如何，在支撐期必定會通過「關鍵跑姿」。這跟跑者的意志無關，這是必然發生的現象，是自然所定下的律法，必須服從。

這個由自然所建立的跑步模型很簡單，每一步都由三個不變的元

素所組成，依序是「關鍵跑姿」──「落下」──「拉起」，我們通過地面的速度和距離就是在時空中不斷重複這三元素的結果。我把這三元素稱為跑步的「標準」，我們可以用它們來分析與衡量跑步技術的高低。

所以，Pose Method不是出自個人的主觀意見或經驗，而是奠基在自然藍圖的發現上，我們只能「學習」去遵循與服從它。這正是「姿勢跑法」的特別之處。

Q：為什麼「姿勢跑法」不談摩擦力？摩擦力在「姿勢跑法」理論底下的功用為何？

A：摩擦力並非動力的來源，它是支撐與重力這兩個元素下的產物。當人體在重力與地面互相支撐之後體重才能成形，有了體重之後摩擦力才會產生，在體重形成後，摩擦力的大小才會跟兩個物體接觸面的情況有關。換句話說，沒有重力、支撐與體重，摩擦力就不會存在。摩擦力的主要功能在使跑者更有效率的向前落下，用力學的術語來說：有了摩擦力才能使身體繞著支撐腳向前轉動，產生重力力矩。我們必須要有穩定的支撐，身體才能更快地達到特定的落下角度，如果摩擦力不夠，代表支撐不穩定，身體會在落下的過程中產生滑動，速度和效率就會消失。所以答案是一樣的，跑者無須主動用力落下，落下是重力的工作。跑者的工作是維持穩定的支撐，但如果支撐腳腳底的摩擦力（或是跑鞋的

附錄 C
「姿勢跑法」常見問題 Q&A

抓地力）不夠，就會造成支撐點滑動，局限了落下的速度與角度。此外，研究顯示當地面的反作用力小於一倍體重之後，前進的加速度就會消失，所以此時抓地力再好都沒有用。很多人以為此時向後扒地可以提升速度，但事實上是不可能的。

Q：過去您在教大眾跑者學習「姿勢跑法」時，碰到最大的問題是什麼？跑者在學習過程中有什麼需要特別注意的嗎？如何提高學習的效益？

A：如同所有的學習過程，學習與練習「姿勢跑法」需要個人的專注力、毅力與決心，需要持續的練習、跑姿分析、動作修正，以及在訓練與比賽中去執行它。這是教育，是一種持續性的學習過程。然而，大部分的跑者並不習慣以學習心態面對跑步。尤其許多訓練有素的跑者忽視技術很久了，他們認為學技術是浪費時間，是不必要的。所以要他們開始去學一項過去從未做過，甚至原本認為沒有價值的事，的確是相當大的挑戰。所以先在教室講理論，讓跑者能先理解與認同這套技術的概念與方法，再進行訓練會比較有效率。

另外，剛開始學習時最好是由 Pose Method 認證的教練從旁協助，[1] 才能確認動作是否接近標準。初期也應該避免太大的訓練量，動作學習的效益會更好。

有系統的學習效果最好，意思是排好課程，在某段時間內反覆練

習，透過技術理論的學習與實際動作的練習來使新的技巧成形。在這個過程中技術訓練動作需要有所變化，才能提升跑者的感覺、知覺與運動表現。同步要進行的是跑姿分析與動作矯正，這可以透過手機拍攝的影像來分析，有經驗的教練也可以直接在跑者訓練時憑肉眼確認，練習結束後再協助調整動作。

學習過程中還有一部分也很重要：運用各種訓練動作來發展跑者的專項力量。在「姿勢跑法」中這些訓練動作可被分成：臀部上下、腳掌拉起、雙腳／單腳彈跳。這三類是最重要的，還有一些輔助訓練，像是伏地挺身和腹背的訓練。

Q：很多跑者認為「姿勢跑法」強調前腳掌先著地，但跑者在練習過後反而造成小腿疼痛的問題，請問小腿疼痛是練習「姿勢跑法」的必經過程嗎？如何避免小腿和阿基里斯腱的疼痛？

A：首先，「姿勢跑法」並沒有要求跑者刻意以前腳掌先著地；再者，前足著地只是正確跑步姿勢下的結果，並非我們要刻意執行的動作。我從來沒有教跑者要用前足先著地。我們教的是：在落下之後要盡快進入「關鍵跑姿」，也就是後腳要盡快回到臀部下方。如果跑者能做到這一點，自然會輕巧地以前足「先」著地。說得更明確一點，當跑者在向前落下之後（支撐腳腳掌離地前），若能專注於「拉起」的動作，前腳自動會以完美且輕巧的方式落在接近臀部正下方的位置，當腳掌落在臀部下方，每個人

都會自然地以前足先著地。那只是結果。所以在「姿勢跑法」的體系裡，跑步動作的三元素沒有「落地」（landing），而是「關鍵跑姿」（pose）、落下（fall）與拉起（pull）。小腿會痛都是因為跑者太專注在「落地」的動作，使得落地時腳踝太僵硬；若跑者能專注在「拉起」，落地就以自然、放鬆且正確的方式完成。

我們都知道，跑者的主要目標有：降低受傷的風險、跑得更快與跑得更遠。從我的觀點看來，第一個「無傷跑步」的目標跟跑步技術的正確與否有直接的關聯性。在傳統的觀點中，並不存在標準的跑步技術，大多數的說法都很模糊，從未明確定義何謂正確且不易受傷的技術。確認正確的跑步技術並不是為了要挑出動作上的毛病，而是為了確認「偏差」。當正確的「標準」定義出來之後，我們就能確認偏離標準的幅度。這種思想其實根植於中國的歷史，其中一位偉大的中國哲學家莊子曾說：「疼痛是因為違背自然而被處罰。」（原文是：「遁天之刑。」，出自《莊子・養生主》）莊子的話有助我們了解跑步技術必須服膺自然的法則，以及為何它如此重要。當我們在訓練時，跑步技術是降低受傷風險的主要因素，而「姿勢跑法」可以有效修正你技術上的偏差，以及持續維持正確技術的能力。

「遁天」的跑法可以從好幾個層面來說明。小腿和阿基里斯腱的疼痛，主要是因為主動往下踩或用力蹬地造成的。當跑者太專注在前腳掌著地，就會給小腿和阿斯里斯腱帶來過多的壓力，只要

把注意力轉移到拉起的動作，讓騰空腳自然落下，疼痛問題就會獲得改善。另一個成因在於主動推蹬地面，這同樣會給阿基里斯腱周遭的組織帶來多餘的壓力。體重是一種力，力有其方向性，跑步技術好的跑者可以快速把向下的體重轉移到前方，但如果主動推蹬，就會使更多的體重留在下方，而無法快速向前轉移，因此肌肉就要花更多「向上」的力量來維持推蹬的任務，但小腿和阿基里斯腱的主要功能並不是用來推蹬，而是用來支撐體重，長期用錯誤的方式使用它們就會造成疼痛。

Q：哪一種鞋子最適合跑步？

A：簡單來說，鞋子舒服就好。鞋子並無法避免受傷或提升跑步效率，唯有正確的技術才會。對於跑者來說，鞋子最重要的功能是保護腳掌，進一步的功能才是幫助跑者跑出好成績。當今世上所有的跑步世界紀錄，都是由穿鞋的跑者跑出來的，雖然赤腳比較輕，久經訓練後赤腳也可以跑高強度的馬拉松，不會起水泡或磨破皮，但為什麼同一個跑者在赤腳的情況下會輸給穿鞋的自己呢？現在我們已經知道加速的原動力來自向前落下的角度（falling angle）。跑者在加速時，勢必會使重心前傾更多的角度到支撐腳的前方，為了更快達到更大的角度，支撐腳上的摩擦力就必須足夠穩定落下時向後的分力，若在光滑的冰面上跑步，加速的過程中因為支撐腳腳掌滑動，就無法創造更大的落下角度，所

以速度會跑不出來。但如果穿上抓地力好的跑鞋，就能提高穩定支撐，有了穩定的支撐，落下的角度與速度才有可能再增加。所以跑鞋的主要功能是增加摩擦力（抓地力），使支撐更穩定，才能創造更大的落下角度。

Q：如果把「姿勢跑法」用在訓練上，具體該關注哪些數據指標？這些數據對跑者有何意義？

A：跑得更快的目標跟「落下角度」有關，跑者在支撐期的落下角度愈大，速度就愈快。這裡指的落下角度，是身體的重心偏離支撐點的幅度。「落下」是一種利用重力，使身體透過「重力力矩」（gravitational torque）繞著支撐腳向前轉動的現象。

重力力矩＝ mg・r・sin α，m 是身體的質量、r 是腿長、α 即是落下角度。α 角愈大，身體的質心繞著支撐腳轉動的程度愈劇烈，因此跑者質心的水平加速度就跟轉動向量的水平分量直接相關。這正是「姿勢跑法」用來重新定位跑步的核心概念，這跟傳統認為跑者向前移動的加速度是來自於肌肉用力伸展髖、膝、踝三關節的觀點相反。

Pose Method 的移動概念也可以明確地應用在訓練上，比較特別的訓練原則之一是「速度是耐力的基礎」，意思是落下的「質」與「量」是我們最主要的關注重點，所以教學與訓練的目的，是使跑者在不同距離下都能維持更大的角度。

跑得更遠的目標跟「姿勢跑法」中「拉起」這個元素（唯一的主動動作）相關。這個動作是把腳從地面往上拉，目的是恢復到下一次的「關鍵跑姿」與向前「落下」。在這一連串週期性的動作中，若延遲了拉起的時機，使身體太慢回到「關鍵跑姿」，儘管只差了一點點，速度都會損失很多，意思是在相同距離中所需要的時間會增加。舉例來說，當我們做跑步技術的影像分析時，在十公里的長跑中，每一步從腳掌著地到身體回到「關鍵跑姿」所需的時間標準是六十毫秒（0.06秒），如果某位跑者每一步平均多了三十毫秒（也就是總共九十毫秒），對成績的影響會有多少呢？

假設這位跑者十公里的成績是五十分鐘，平均步頻是每分鐘一百八十步，所以十公里下來總共跑了九千步。前面我們提到他每一步從著地到「關鍵跑姿」花了九十毫秒，如果他能改掉延遲拉起的問題，使每一步回到「關鍵跑姿」的時間都能減少三十毫秒（回到標準的六十毫秒），十公里的完成時間就能縮短四分三十秒（0.03×9,000=270秒）。在沒有改變訓練模式太多的情況下，十公里的成績就可以從五十分進步到四十五分三十秒，這是很可觀的進步，而且多出的能量消耗相當低。

從這些數字，你應該知道哪一部分的訓練應該是整個跑步生涯中要一直關注的。是技術。不論跑步的距離與速度，透過技術訓練就可以在不需要增加訓練量的情況下提升運動表現。這樣的進步

附錄 C
「姿勢跑法」常見問題Q&A

潛能跟所有的跑者相關，而且更重要的是：技術，也是使全世界的跑者能夠保持健康和快樂的基礎。

Q：請問如何減少跑步時上下振盪的垂直振幅？

A：推蹬是造成振幅太大的主因，只要改善跑步技術後，它會自動下降。而且經過研究顯示，速度愈快，垂直振幅也會跟著變小。這是一個簡單的物理現象，跑者的速度愈快，代表向前落下的角度愈大，因此水平方向的向量會逐漸凌駕於垂直方向之上，所以垂直振幅自然變小。因此不用刻意去降低垂直振幅，它是技術與速度提升後的結果。

Q：我的腳步聲很大，該如何改善？

A：改善的方式很簡單，只要把動作的意圖從「落地」改成「拉起」即可。腳步聲太大的原因是跑者主動用力往下踩，而不是讓騰空腳自動隨著重力落下。只要跑者能把注意力改放在拉起，前腳就能順著重力自然落下。不管跑者的速度為何，騰空腳都不能主動往前跨或往下踩，騰空腳的工作是等待，等到支撐腳離地之後才能落下，只要能做到這件事，不只腳步聲會變小，整體的跑步效率與速度也會跟著提升。

Q：拉起要多快或多用力才對？因為專注在拉起之後步頻變快了，感

覺呼吸變得更喘了,該怎麼辦?

A:首先,拉起的關鍵不在多快或多用力,而在拉起的時機要正確,不能太快也不能太慢。首先,當身體進入「關鍵跑姿」之後才會落下,落下結束之後才能拉起,太快或太慢都會有問題。第二,每一種配速的拉起時機和高度都不同。因為速度愈快,跑者進入「關鍵跑姿」與落下結束的時間都會縮短(也代表觸地時間縮短),所以要更快進行拉起。速度愈快時,拉起腳掌的高度也會愈高。如果該配速是跑者本來可以維持的,但專注在拉起後變得很容易喘,主要原因是「過度拉起」(over pulling),上拉的高度超出該速度所需的結果。例如在慢跑時拉起的高度像衝刺一樣高,會造成多餘的生理負擔,需要更高的心率與氧氣來製造更多的ATP,那當然會變得比較喘。避免的方式是盡量減少拉起的幅度,跑者應該在特定配速的情況下盡量減少拉起的高度。

Q:為何您只談論跑步技術的訓練,而沒有談長跑者最重要的體能訓練?您認為體能訓練在突破個人最佳成績(破PB)上的角色為何?

A:體能訓練毫無疑問是相當重要的,尤其在長跑上,跑者需要有足夠的有氧體能才跑得下去。體能上的參數有最大攝氧量、乳酸閾值和肌纖維的組成等,但我們要了解,這些參數的上限是先天就決定好的,不會因為訓練而改變太多。當體能的相關參數到達上

附錄 C
「姿勢跑法」常見問題 Q&A

限後，跑者之所以能再進步則是因為技術與知覺，因為這些技術
是可以藉由練習不斷向上提升的。它們的提升將使得有限的生理
資源獲得更有效的運用。從最近二十年來的跑步世界紀錄推進過
程，可以得到同樣的結論。這些歷年來的世界紀錄保持者在生理
上的數據基本上都差不多，但為什麼成績可以一再突破呢？主要
是因為技術和知覺上的差異。想跑得更快所必須訓練的是：更大
落下角度下的知覺與技術。跑步技術是體驗新知覺的門檻，有了
更高的技術與更敏銳的知覺後，我們才能以有效率的方式運用相
同的生理資源。

Q：可以把「姿勢跑法」的概念用在其他運動項目嗎？

A：Pose Method 從一九七七年創立開始，就朝各種運動項目發展。
最先完成的是田徑項目，例如跑步、跳高、跳遠、投擲和跨欄，
接著才應用在越野滑雪、競速溜冰、舉重、游泳、自行車、划
船、體操、高爾夫球等項目上。
從概念上來說，所有的運動項目都存在同一種不變的動作結構，
這使得我們可以把 Pose Method 這個概念運用在所有運動上，使
我們能利用這種通用的結構來設計教案與進行教學。Pose Method
將對未來運動科學的研究及動作教學上的實務運用，產生極其深
遠的影響，因為同樣的概念可以用來設計不同的運動教材，可以
用來教小孩，教各個年齡層的運動愛好者，也可以用來教菁英運

動員。這一部分的理論知識我已經寫成《運動的通用理論》，但目前只有俄文版。這本書也是切博克薩雷師範大學的教科書。

譯注：

1. 臺灣已培訓出超過一百三十位 Pose Method 的認證教練。

KFCS　FK3002

跑步，該怎麼跑？

認識完美的跑步技術，姿勢跑法的概念、理論與心法
Pose Method of Running

作　　　者	尼可拉斯‧羅曼諾夫博士（Nicholas Romanov, Ph.D.）、約翰‧羅伯遜（John Robson）
譯　　　者	徐國峰
責 任 編 輯	鄭家暐
副 總　編	陳雨柔
行 銷 企 畫	陳彩玉、林詩玟、陳紫晴

編 輯 總 監	劉麗真
事業群總經理	謝至平
發 行　人	何飛鵬
出　　　版	臉譜出版
	城邦文化事業股份有限公司
	台北市南港區昆陽街16號4樓
	電話：886-2-25000888　傳真：886-2-25001951
發　　　行	英屬蓋曼群島商家庭傳媒股份有限公司城邦分公司
	台北市南港區昆陽街16號8樓
	客服專線：02-25007718；25007719
	24小時傳真專線：02-25001990；25001991
	服務時間：週一至週五上午09:30-12:00；下午13:30-17:00
	劃撥帳號：19863813　戶名：書虫股份有限公司
	讀者服務信箱：service@readingclub.com.tw
	城邦網址：http://www.cite.com.tw
香港發行所	城邦（香港）出版集團有限公司
	香港九龍土瓜灣土瓜灣道86號順聯工業大廈6樓A室
	電話：852-25086231或25086217　傳真：852-25789337
	電子信箱：hkcite@biznetvigator.com
新馬發行所	城邦（新、馬）出版集團
	Cite（M）Sdn. Bhd.（458372U）
	41, Jalan Radin Anum, Bandar Baru Sri Petaling,
	57000 Kuala Lumpur, MalaysFia.
	電話：603-90578822　傳真：603-90576622
	電子信箱：service@cite.my
一 版 一 刷	2011年1月
一 版 三 刷	2024年7月

城邦讀書花園
www.cite.com.tw

ISBN 978-626-315-250-2

售價　NT$ 420
版權所有‧翻印必究（Printed in Taiwan）
（本書如有缺頁、破損、倒裝，請寄回更換）

國家圖書館出版品預行編目資料

跑步，該怎麼跑？：認識完美的跑步技術，姿勢跑法的概念、理論與心法／尼可拉斯‧羅曼諾夫博士(Nicholas Romanov, Ph. D.)，約翰‧羅伯遜(John Robson)著；徐國峰譯. 四版. 臺北市：臉譜，城邦文化出版；家庭傳媒城邦分公司發行，2023.03
面；　公分. --（KFCS；FK3002）
譯自：Pose method of running
ISBN 978-626-315-250-2（平裝）

1.CST：賽跑　2.CST：運動訓練

528.946　　　　　　　　　　111020885